역사를 읽으면 통찰력을 얻는다
중국역사를 읽으면 중국으로 가는 길이 보인다

21일간의 이야기만화 역사기행

만리 중국사

COMIC VERSION OF CHINESE HISTORY 18, 19

Copyright ⓒ 中国美术出版社总社连环画出版社; 编绘: 孙家裕; 主笔: 欧昱荣
Korean translation copyright ⓒ 2013 by Korean Studies Information Co., Ltd.
Korean translation rights of 《COMIC VERSION OF CHINESE HISTORY》
arranged with LIANHUANHUA PUBLISHER directly.

21일간의 이야기만화 역사기행

만리 중국사

09권 삼국 1

초판인쇄 2014년 1월 24일
초판발행 2014년 1월 24일

글·그림 쑨자위
글 어우위롱
옮긴이 류방승
펴낸이 채종준
기획 권성용
편집 정지윤, 백혜림
디자인 박능원, 이효은
마케팅 송대호, 정경철, 이행은

펴낸곳 한국학술정보(주)
주소 경기도 파주시 문발동 파주출판문화정보산업단지 513-5
전화 031) 908-3181(대표)
팩스 031) 908-3189
홈페이지 http://ebook.kstudy.com
전자우편 출판사업부 publish@kstudy.com
등록 제일산-115호(2000. 6. 19)

ISBN 978-89-268-5425-9 14910
        978-89-268-5416-7 14910(set)

群雄割據
군웅할거, 영웅들의 시대
09권 삼국 1
쑨자위 글·그림
어우위룽 글
만리 중국사
21일간의 이야기만화 역사기행
이담 Books

　　중국은 세계 4대 문명 발상지 가운데 하나다. 중화 문명은 아득히 먼 옛날부터 수천 년 동안 전해져 내려오며 상고上古, 하夏, 상商, 주周, 춘추春秋, 전국戰國, 진秦, 서한西漢, 동한東漢, 삼국三國, 서진西晉, 동진東晉, 남북조南北朝, 수隋, 당唐, 오대십국五代十國, 송宋, 요遼, 서하西夏, 금金, 원元, 명明. 청淸 등의 역사 시대를 거쳤다.

　　중화 문명은 세계에서 가장 오래된 문명이자 가장 오래 지속된 문명이기도 하다. 중화 문명과 어깨를 나란히 한 문명으로는 고대 바빌론 문명, 고대 그리스 문명, 고대 이집트 문명 등이 있다. 어떤 문명은 중국보다 먼저 발생하고, 또 범위도 훨씬 넓었지만 이들은 이민족의 침입 혹은 스스로의 부패로 인해 멸망하여 결국 기나긴 역사 속에서 연기처럼 사라져 버렸다. 중국만이 세계에서 유일하게 문명 대국을 자랑하며 유구한 역사를 이어 오고 있다.

　　수천 년 동안 중화 민족은 무엇에도 굴하지 않는 강인한 의지와 과감한 탐구 정신, 총명한 지혜로 웅장한 역사의 장을 엶과 동시에 눈부시게 찬란한 물질문명과 정신문명을 창조했다.

　　이 책의 편집 제작은 정사正史를 바탕으로 진실하고 객관적인 사실을 전달하는 데 주력했다. 또한 역사를 만화 형식으로 풀어 씀으로써 독자들이 아름답고 다채로우며 생동감 넘치는 장면을 느끼리라 기대한다. 독자 여러분들이 쉽고 재미있게 읽는 가운데 역사를 직접 느끼고 역사에 융화되어 깨닫는 바가 있기를 바란다.

지롄하이紀連海
중국 CCTV '백가강단百家講壇' 강사

군웅할거群雄割據, 영웅들의 시대

　삼국三國 시대(220~280년)는 동한東漢 멸망 후 서진西晉이 들어서기까지 위魏, 촉蜀, 오吳 삼국이 정립鼎立하던 시기를 가리킨다.

　동한 말기에 이르러 외척과 환관이 권력을 마음대로 휘둘러 국력이 크게 쇠퇴하고 천재지변이 끊이지 않았다. 특히 184년, 장각張角은 태평도太平道를 조직하고 민간에 이를 널리 퍼뜨려 수십만 명에 이르는 신도를 모집했다. 태평도는 '푸른 하늘이 죽고 누런 하늘이 일어나니, 갑자년에 천하가 크게 길해지리라'라는 구호를 내걸고 한나라에 반란을 일으켰다. 이것이 바로 중국 역사에서 유명한 '황건군黃巾軍의 봉기'이다.

　한나라 황실이 유명무실한 존재로 전락함에 따라 각지에서 기병한 제후들이 반란군을 진압하는 과정에서 기반을 넓히고 군대를 확충하여 군웅이 할거하는 국면을 형성했다. 이 과정에서 가장 두각을 나타낸 이는 조조曹操였다. 그는 189년에 군사를 일으켜 황건군을 격파하고 동탁董卓을 토벌했으며 북방의 강자인 원소袁紹를 관도官渡 대전에서 제압해 북방을 통일하고 중앙의 정권을 장악했다.

　한편 한나라 종친 유비劉備는 제갈량諸葛亮의 도움으로 형주를 손에 넣고, 강남의 실력자 손권孫權과 동맹하여 적벽赤壁 대전에서 조조의 남하를 저지했으며, 211년에 익주를 공략해 통치 기반을 마련했다. 손권은 유비와 싸워 형주를 차지하고, 장강長江 중·하류인 강남지역을 세력 하에 두었다.

　220년에 조조의 아들 조비曹丕가 동한의 헌제를 강압해 제위를 양위 받고 낙양에 도읍하여 위魏라고 칭하자, 219년에 한중왕漢中王을 칭했던 유비는 한의 계승을 명분으로 221년 성도成都에 도읍을 정하고 황제에 올랐다. 손권은 처음에 위에게 오왕吳王으로 봉해졌으나 222년에 스스로 연호를 세우고 제위에 올라 삼국의 분립이 확정되었다.

　삼국의 역사는 명나라 때 나관중羅貫中의 소설 『삼국연의三國演義』를 통해 후세에 널리 알려졌다. 간웅의 대명사 조조, 지혜가 뛰어난 제갈량, 충성과 의리의 화신 조운趙雲, 카리스마 넘치는 주유周瑜 등 『삼국연의』에 등장하는 인물들은 개성이 강하고 생동감이 넘친다. 지금까지도 삼국의 이야기와 인물들은 소설과 영화 등을 통해 끊임없이 소개되며 재조명받고 있다.

시대		연대
상고 上古		B.C. 약 800만~2000년
하 夏		B.C. 2070~1600년
상 商		B.C. 1600~1046년
주 周		B.C. 1046~771년
춘추 春秋		B.C. 770~403년
전국 戰國		B.C. 403~221년
진 秦		B.C. 221~206년
한 漢	서한 西漢	B.C. 206~A.D. 25년
	동한 東漢	25~220년
삼국 三國_위·촉·오		220~280년
양진 兩晉	서진 西晉	265~317년
	동진 東晉	317~420년
남북조 南北朝		420~581년
수 隋		581~618년
당 唐		618~907년
오대십국 五代十國		907~960년
송 宋	북송 北宋	960~1127년
	남송 南宋	1127~1279년
요 遼		907~1125년
서하 西夏		1038~1227년
금 金		1115~1234년
원 元		1271~1368년
명 明		1368~1644년
청 淸		1644~1911년

삼국 三國

- **189년** 동탁이 헌제를 옹립하여 조정을 장악, 조조가 동탁을 토벌하기 위해 기병함.
- **190년** 제후들이 원소를 맹주로 하여 동탁 토벌군을 결성, 동탁은 헌제를 위협하여 장안으로 천도
- **192년** 왕윤이 여포를 이용해 동탁을 살해, 이각·곽사의 난 발생
- **194년** 조조의 서주 공격, 유비가 도겸에게 서주를 물려받음.
- **196년** 조조가 황제를 허창으로 옮김, 유비가 조조에게 의탁
- **197년** 조조가 장수를 공격하다가 아들 조앙과 아끼던 부하 전위를 잃음.
- **198년** 하비 전투에서 여포가 죽음, 손책이 강동을 평정
- **199년** 유비가 원소에게 의탁, 원소가 공손찬을 죽이고 하북을 점령
- **200년** 조조가 관도 대전에서 원소를 대파함, 관우가 조조에게 항복했다 유비에게 다시 돌아감, 손책이 죽고 손권이 뒤를 이음.
- **202년** 원소의 죽음
- **206년** 조조가 북방 대부분을 통일함.
- **207년** 조조가 곽가의 말을 들어 오환족을 평정함, 곽가 병사, 유비가 제갈량을 삼고초려 三顧草廬함.
- **208년** 조조가 승상에 오름, 손권·유비가 적벽에서 조조군을 대파, 화타가 조조에게 죽임을 당함.
- **209년** 유비와 손권이 혼인 동맹을 맺음.
- **210년** 주유가 유비에게 형주를 빌려 줌, 주유의 죽음

차례

삼국 上

삼국 下

삼국 上

삼
국
上
三國

동탁董卓

동한 말기의 소제少帝,
헌제獻帝 시기의 권신으로
관직은 태사太師, 미후郿侯에
올랐다. 성품이 잔혹하고
살인을 좋아하여 군웅들의
토벌 대상이 되었다.
훗날 심복인 여포에게
죽임을 당했다.

조조曹操

동한 말기의 유명한
정치가이자 시인.
삼국시대에 위나라의
기초를 다지고
위왕魏王에 올랐다.
아들 조비曹丕가
황제를 칭한 후에
위무제魏武帝로
추존되었다.

유비劉備

서한시대의 중산정왕中山靖王
유승劉勝의 후예로 영제靈帝
말년에 황건군을 토벌
하는 공을 세우면서
정치 무대에 등장했다.
후에 삼고초려로 제갈량을
얻어 촉한을 개국하고
소열제昭烈帝에 올랐다.

왕윤王允

헌제 초기에 사도司徒와
상서령尚書令을 지냈다.
권력을 마구 휘두르던
동탁을 제거하는 데
성공했지만 동탁
잔당들의 역습에
목숨을 잃고 말았다.

여포呂布

동한 말기의 명장이자 군웅 중
하나로 잇달아 정원丁原, 동탁의
부장을 지내고 원술袁術에게
충성을 다해 서주목徐州牧에
올랐다. 훗날 조조와의
싸움에서 패하여 사형을 당했다.

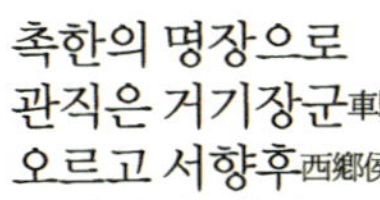

장비 張飛

촉한의 명장으로
관직은 거기장군車騎將軍에
오르고 서향후西鄉侯에
봉해졌다. 장비는
중국 전통 문화에서
용맹함과 경솔함,
악을 원수처럼
미워하는 이미지로
각인되었다.

관우 關羽

동한 말기의 명장으로 유비가 고향에서
군사를 일으킬 때부터 따른 최측근이다.
세상을 떠난 후 그의 이미지가 점차
신격화되면서 민간에서는
지금까지도 그에게 제사를
지내며 '관공關公'으로
추앙하고 있다.

진궁 陳宮

여포의 모사로
지략이 뛰어났다.
처음에는 조조를
따랐지만 조조가
함부로 무고한
사람을 죽이는 것을
보고 그와 반목했다.
여포가 패한 후
여포 등과 함께
조조에게 사로잡혀
목숨을 잃었다.

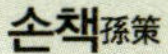

손책 孫策

손견孫堅의 아들이자 손권의
형이다. 오나라의
기초를 다진
인물로 자객의
습격으로 목숨을
잃었다. 손권은
황제를 칭한 후 손책을
장사환왕長沙桓王에
추존했다.

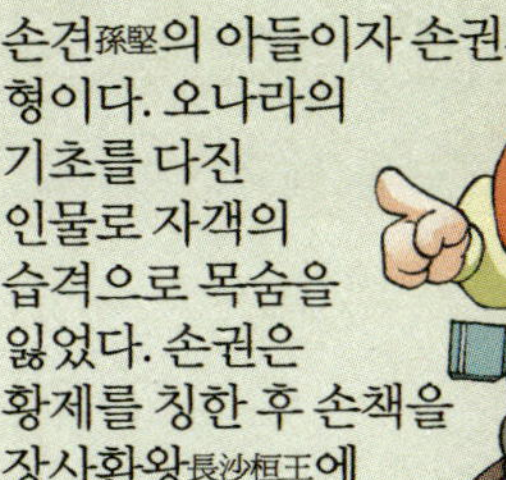

유요 劉繇

후한 황실의 먼 친척.
주민들의 추대를 받아
낭중郎中에 추천된 후
양주자사를 역임했다.
훗날 태사자와 함께
손책과 싸우다가 계략에
걸려 크게 패했다.

주유 周瑜

동오의 명장으로
외모가 수려하여
'주랑周郎'이라는
별명을 얻었다.
적벽 대전 중에
손권과 유비의
연합군을 지휘하여
조조의 대군을
격파하고 삼분천하의
기초를 다졌다.

태사자 太史慈

삼국시대의 무장으로
활솜씨가 매우 뛰어났으며
관직은 건창도위에
이르렀다. 원래는 유요의
부하로 있다가 후에
손책에게 항복했다.
적벽 대전 전에 병사했다.

시대별 지도 - 삼국三國
선비鮮卑
오환烏丸
위魏
관도官渡
허창許昌
오장원五丈原
낙양洛陽
장안長安
합비合肥
양양襄陽
한중漢中
강릉江陵
건업建業
이릉夷陵
적벽赤壁
성도成都
형주荊州
촉한蜀漢
오吳

동탁이 권력을 장악하다

한나라 영제가 죽은 후 제위에 오른 소제는 나이가 어린 탓에 하태후의 오빠이자 대장군인 하진이 권력을 장악했다. 한편 장양, 조충을 위시한 환관들은 여전히 황제의 총애를 받고 제멋대로 행동했다.

*하진何進
후한의 대장군. 황건군의 난을 진압하고 실권을 장악했다. 후에 환관들을 죽이려다 오히려 그들에게 죽임을 당했다.

하지만 대장군이 태황태후를 독살했다고 장양이 유언비어를 퍼뜨리고 다닌다고요.
정말이냐?

내 이놈들을 가만두지 않겠다!

당장 각지의 영웅들을 낙양으로 소집하고 태후의 동의를 받아 환관들을 죽이십시오.
그렇게 하자!

하진의 제후 소집령이 떨어지자 양주의 동탁은 즉각 군대를 거느리고 낙양으로 진격했다.
대장군, 제후들을 절대 도읍으로 불러들여서는 안 됩니다!
깜짝이야.
조조

조조, 목소리를 낮춰라.
너무 켜!

환관 몇쯤이야 대장군께서 명을 내리시면 제가 궁으로 가 없애면 그만입니다.
허나 제후들을 불러들였다가는 통제하지 못할까 염려됩니다.
음, 네 말도 일리가 있으니 좀 더 생각해 보자.

대장군, 태후께서 궁으로 부르십니다.
곧 간다고 전해라.

절대 가서는 안 됩니다!
뭐가 또 안 돼?!

분명 환관들이 대장군의 계획을 알아채고 선수를 치려는 것입니다.
걱정할 것 없다. 태후는 내 친동생인데 설마 날 해치겠느냐?

Don't worry~!
대장군!

이상하네.
궁이 왜 이렇게
조용하지?

웬 놈들
이냐!

하진,
아무런 원한도 없는
우릴 죽이려 했으니
저승에 가도 우릴
원망하지 마라!
이런,
제길!

으악!

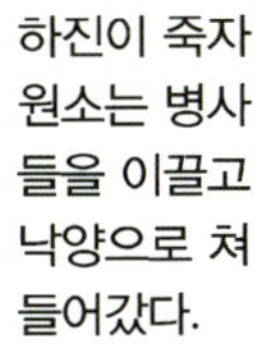

하진이 죽자 원소는 병사들을 이끌고 낙양으로 쳐들어갔다.

환관 놈들을 모조리 죽여서 대장군의 원수를 갚자!
와~
와~
와~

원 장군, 환관들이 폐하와 태후를 볼모로 잡고 성을 빠져 나갔습니다!
당장 쫓아라!

이때 마침 동탁이 대군을 이끌고 낙양에 이르렀다.
주공, 하진은 피살되고 환관들은 황제를 협박해 달아나고 있습니다.

19

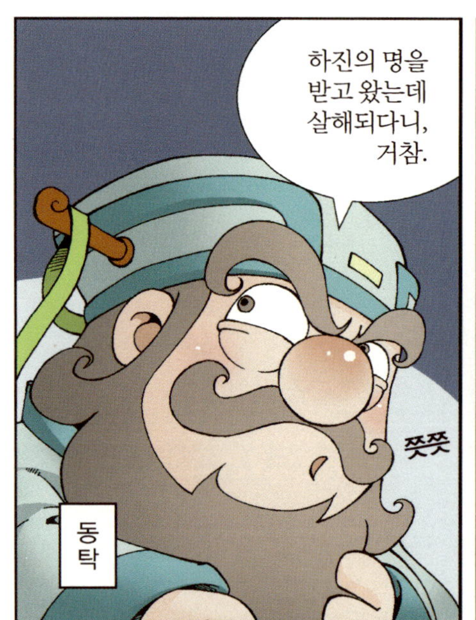

* 이유李儒
　동탁의 사위이자 모사로 동탁 체제를 이끌었고 그가 암살되던 중에 죽임을 당했다.

*정원丁原
  후한 말 정치가로 하진의 부름으로 낙양으로 갔지만 결국 자신이 발탁한 여포의 손에 죽었다.

이각, 곽사, 번조, 장제는 모두 출격하라!
와다다다
쨍강—
어딜 감히!
대, 대단해…
하하, 여포 앞에서 다들 꽁무니를 빼는구나!
워이, 워이!

*이숙李肅
동탁의 장수로 여포를 꾀어 동탁을 섬기게 하였다.

여포 군영
Hi~
나 적토마!

동 대인
께서 장군에게
이 보물들과
적토마를 선물로
주셨습니다.
오~
반짝반짝
하는구나!

동 대인의 후한
은혜를 입었으니
정원을 죽여서
은혜에 보답
하리다.
들던 중
반가운 소리
입니다.

정원이 이미
죽었으니 누가
감히 나에게 반대
하겠느냐!
하하하!

이것이 모두 여 장군의 공로입니다.
내 공이라 말하고 싶지만…

여포, 널 내 양아들로 삼겠다.
감사합니다!

폐하가 유약하여 천하를 다스리기 어려우니 진류왕을 제위에 앉히겠소.
……

아무 잘못 없는 폐하를 끌어내리는 건 곧 반역이다!

원소, 내 칼날이 얼마나 예리한지 보고 싶으냐!
너만 칼이 있느냐! 내게도 칼이 있다!

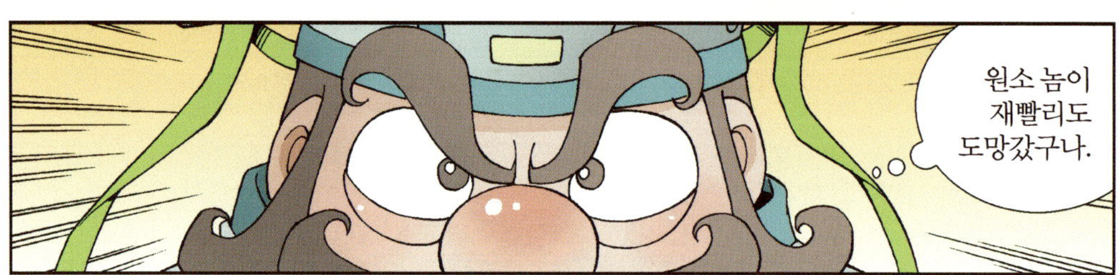

동탁은 소제를 폐위하고 아홉 살 난 진류왕 유협 劉協을 헌제獻帝로 삼아 정권을 독점하고 자신에게 반대하는 자를 모두 제거했다. 한편 원소는 외지로 달아나 동탁 토벌군을 조직했다.

조조가 군사를 일으키다

동탁은 멋대로 황제를 폐립하여 인심을 크게 잃었다. 조조는 동탁의 실패를 예측하고 낙양을 떠나 부친의 친구인 여백사의 집에 잠시 머무르고자 했다.

아저씨는
왜 아직까지
안 오시지?

웅성 웅성
무슨
소리지?

묶어서
죽이는 게
어때?
좋아.
주…죽여?
조조는 여백사가 가족
과 작당해 자신을 죽
이려는 줄로 알았다.

네놈들이
감히 날 죽이
려 들다니!

오…오해
십니다!

죽어라!
으악!

이건 무슨 소리야?
꿀꿀~

아차! 원래 돼지를 잡으려던 것이었구나!

큰일이다. 아저씨가 날 용서 하시지 않을 거야. 얼른 자리를 뜨자.

조조는 진류로 가 뜻을 같이할 인재와 병사들을 모집했다.

분무장군 조조는 병사를 모집해 역적 동탁을 토벌하고 백성을 구하겠노라!
조조 장군이?
여포를?

* 하후돈夏侯惇
위나라의 장수. 벼슬은 대장군까지 올랐으며 여포 정벌전에서 한쪽 눈을 잃었다.

원소, 원술袁術, 한복韓馥 등이 이미 동탁을 토벌하러 출병했으니 곧 우리도 합류한다!

바로 출격하라!
예!

조조, 마침내 오셨구려. 한참을 기다렸소.

원소, 낙양과 이리 멀리 떨어진 곳에 주둔하면 동탁과 어찌 싸운단 말이오?
그건…… 안에 들어가 보면 알 수 있소.

동탁이 감히 출전하지 못하고 장안으로 천도한다는 정보입니다.
오호~!

폐하와 궁 안 사람들을 대동하면 행군 속도가 느릴 테니 그를 섬멸할 절호의 기회요!

하하… 일단 안으로 들어갑시다.

마셔라!
건배!

조조, 한 잔 받으시오.

천하의 백성들이 우리가 동탁을 없애고 한 왕실을 중흥하길 바라는데, 여러분은 술독에 빠져 있다는 게 말이 되오?

동탁이 서쪽으로 도망가는 지금이야말로 힘을 합쳐 그자를 무찌를 좋은 기회 아니겠소!
정신들 차려!

동탁 수하의 여포가 너무 강해 함부로 맞서기 어려워서……

동탁이 도망가면 낙양 수복이라는 우리의 목적은 달성하는 것 아니오?
옳소이다!

당신들이 안 가면 나 혼자 가리다!
조조……

다시는 상종 못 할 인간들 같으니라고!
자, 잠깐!

다다다

호호, 동 태사께서 추격이 있을 줄 알고 미리 우리를 매복해 두셨다.

대장 서영이 여기 있다. 조조는 달아 나지 마라!
와~
와~

큰일이다. 매복에 걸렸어!

군사를
나눠서
막아라!

전세가
불리하다.
일단 이곳을
떠야겠어.

와~

숭ー

와와

으악!

조조가 말에서 떨어졌다!
죽여라!

주공을 건드리지 마라!
조홍曹洪!

이 말을 타고 빨리 달아나십시오!
그럼 자네는 어떡하고?

천하에 조홍은 없어도 되지만 주공이 없어서는 안 됩니다.
충신!!
내 사지에서 벗어난다면 이 은혜에 꼭 보답하겠다!

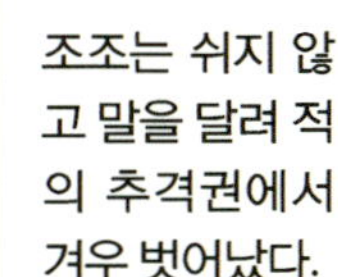
조조는 쉬지 않고 말을 달려 적의 추격권에서 겨우 벗어났다.

어리석은 잘못을
저지른 날 비웃은
것이네. 매복에
당한 건 너희들 탓이
아니다.

그리고 앞을 내다
보지 못하는 제후들을
비웃었네. 쥐새끼처럼
겁이 많은 그들은 내
적수가 못 된다!
물론입죠!

양주에 나의 옛
부하들이 많으니
다시 병사를
모집해 새롭게
출발하자!
네, 주공.

조조는 양주에서 군사를 모집해
연주로 달아나는 황건군을 무찔
렀다. 이후 포신鮑信, 진궁 등의
추천으로 연주목에 올라 당당히
중원 제후의 일원이 되었다.

누상촌의 짚신 장수 유비

유비는 서한시대 중산정왕의 후예였지만 그의 대에 이르러 가세가 기울었다. 아버지를 일찍 여읜 유비는 어머니와 함께 돗자리와 짚신을 팔아 생계를 유지했다.
유비야, 돗자리를 짜고 있니?
어, 삼촌 오셨어요!
이 쌀은 아껴 먹으면 보름은 먹을 게다.
항상 저흴 돌봐 주셔서 감사해요.

잠깐 집에 들렀다 가세요.

전에 한 관상가가 이 큰 뽕나무 아래서 귀인이 난다고 했는데 혹 유비를 가리키는 것이 아닐까?

유비야, 너도 이제 다 컸으니 공부를 좀 해 보렴.
저… 정말이요?

"친구가 멀리서 찾아오니 즐겁지 아니한가……"

수업 종 쳤다. 빨리 전쟁놀이 하러 가자!
좋아!

전처럼 이렇게 양쪽으로 편을 나누자.
공손찬, 이번엔 기병을 사용하지 않겠다.

좋아, 그럼 보병 대결이다!

덕란은 아무와
소우를 데리고 적의
뒤쪽을 포위 공격해.
응!
앗!
매복이다!
돌격!
딱!

와와~
탁탁-
탁

덕란아,
밥 먹어라.
와,
밥이다!

184년, 황건군의 난이 일어나 천하가 크게 혼란스러웠고 동탁은 조정을 장악했다. 유비는 황건군 토벌 전쟁에서 공을 세워, 당시 유주를 장악하고 있던 공손찬의 추천으로 평원상에 올랐다.

이리 와 앉으십시오.

명색이 조정 관리가 복록도 없는 저 두 사람과 같이 앉을 수는 없네.
에헴
말 다 했소?

장비, 자리에 앉아라!
허…형님~

관우, 장비는 저와 형제나 다름 없으니 유형은 괘념치 마십시오.
흥!

평원상이라는 관리가 저들과 함께 밥 먹고 잠까지 같이 잔다는 게 말이 되는가?
그래선 안 됩니까?
듣자 듣자하니!

어느 날 유평은 자객을 보내 유비를 찔러 죽이게 했다.

무슨 일인가?
유 대인은 제가 누군 줄 아십니까?
아무 일도 아닙니다.
경계도 하지 않다니.
자네 입으로 말하면 알게 되겠지.

제가 대인을 암살하러 왔는데 두렵지 않으신가요?
나는 마음에 거리낌이 없고 백성을 자식처럼 사랑하는데 누가 나를 암살하겠는가?
스윽

아!
탁
헉!

명을 받아 대인을 암살하러 왔는데 대인이 이처럼 광명정대하시니… 전 못하겠습니다!
부… 부끄럽다!

그 사람은 분명 또 자객을 보낼 테니 철저히 방비 하십시오!
일러 줘서 고맙네.

필시 유평이 보낸 자객일 거야. 식견이 자객만도 못하구나.

방금 사람의 그림자가 담을 넘어들어 왔다 합니다.
헐레~ 벌떡~
괜찮으 십니까?

괜찮다. 그자는 이미 갔다.

경비를 더 강화할까요?
됐다. 너희들은 군사 훈련에 더욱 힘써라. 공손찬과 원소가 곧 전쟁을 일으킬 예정이니 우리도 참전하자.

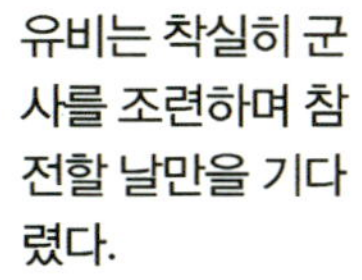

유비는 착실히 군사를 조련하며 참전할 날만을 기다렸다.

공손찬과 원소 간에 싸움이 붙었습니다!

빨리 공손찬을 도우러 가자!
예, 형님!

다다다

와아!
이얍!
와―

저기 흰 망토를 두르고 손에 긴 창을 쥐고서 원소 군중을 휘젓는 무장은 누구인가?
멋져~ 멋져!

공손찬이 새로 얻은 조운입니다.
정말 뛰어난 맹장이로다.

우리도 출격하자!
와~

공손찬 군영

아우가 도와 주었기에 망정이지, 아니면 원소에게 패할 뻔했네.
승패는 병가지 상사입니다. 너무 개의치 마십시오.

그럼 한잔 들게!
건배!

조 장군, 오늘 멋진 활약이었습니다!
과분한 칭찬이십니다.

미천한 저를 알아봐 주시니 영광입니다.
기회가 되면 이야기나 한번 나누시지요.
감사!

건배!

아우, 내 부하 전해가 주둔한 청주로 가서 남북으로 원소를 협공하도록 하세.
좋습니다.

유 사군을 지기로 얻었는데 이렇게 빨리 헤어지게 돼 너무 아쉽습니다.
서운~

천지가 이렇게 광활하니 꼭 다시 만날 날이 있을 겁니다.
내 느낌이 그래!
하하, 맞는 말씀입니다.

몸조심 하십시오!

동탁의 죽음과 장안의 변란

"

아버지에게는 비밀로 해 주십쇼. 부탁입니다!
제에발

잠깐은 속일 수 있어도 평생 속일 수는 없습니다.
그럼 어떻게?

동탁이 온갖 악행을 저질러 폐하께서 장군에게 동탁을 제거하라는 유지를 내렸습니다.
네?

장군은 한 왕실을 도와 악인을 제거하고 불후의 명성을 남기고 싶지 않습니까?
하지만 그분은 제 양아버지…

장군은 여씨고 그는 동씨입니다. 게다가 그에게 부자의 정이 있었다면 장군에게 창을 던졌겠습니까?
하긴, 창 던진 건 너무 심했어.

장군은 공신이 되시렵니까, 아니면 충견이 되겠습니까?
음……

내 나라를 위해 기꺼이 간적 동탁을 죽이겠습니다.
Good!

왕윤과 여포는 동탁을 제거할 계획을 세우고 입궁 날을 거사 일로 정했다.

듣자니 요즘 조정에서 누군가 날 죽이려 한다는 소문이 돌던데.
불안
걱정

아버지의 지위와 권세가 높아 대신들이 질투하는 것은 당연합니다.
그래도 조심 하는 게 좋겠어. 오늘은 네가 옆에 꼭 붙어서 날 호위해라!

호호, 꼭 붙어 있어주마!
마음 놓으십시오.

하하, 대신들이 모두 나와서 날 맞이하는구나!

동탁 간적 놈! 여기가 바로 네 무덤이다!
왕윤?
간적 놈은 달아나지 마라!
헉!

여포야!

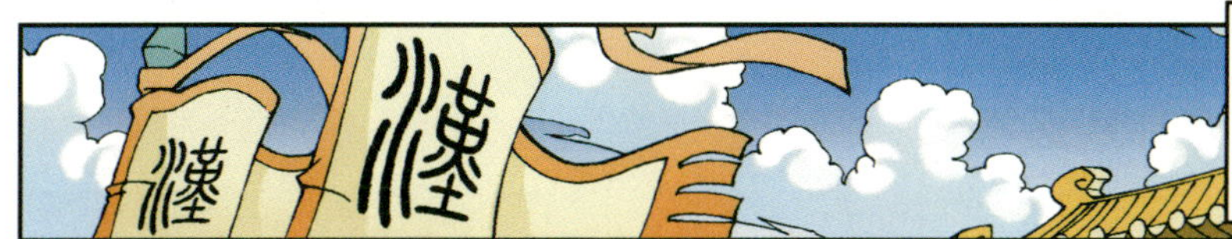

192년, 동탁은 여포에게 살해되고 목이 장안성에 걸렸다.

동탁의 수하들이 각지에 주둔하고 있어 그들을 너무 다그치면 반란이 일어날까 염려됩니다.

여기 여 장군이 있는데 누가 감히 반란을 일으키겠습니까?
호호!
그래도 이건……

동탁의 측근인 이각李傕과 곽사郭汜는 곧장 대책 회의에 들어갔다.

동 태사께서 여포에게 피살되었으니 이제 어떡하면 좋겠소?

이각, 뺏은 재물을 모두 나눠 주고 각자 고향으로 돌아갑시다!
곽 장군, 우리가 지금 해산한다 해도 조정에서 우릴 놓아 주지 않을 겁니다.

가후,
무슨 좋은 방법
이라도 있소?

곽 장군은
너무 마음이
약하십니다.

지금 우리에게
무기와 돈이
있는데 도망을
가다니요?

장안으로 진격
했다가 상황이
불리하면 그때
도망가도 늦지
않습니다.

일리 있는
말이오.

즉시 병마를
소집해 장안으로
진공합시다!

Let's go!

예!

선택의 여지가 없었던 이각
과 곽사는 군사를 총동원해
장안으로 진격했다.

이각, 곽사가
쳐들어 온다니
빨리 대책을
논의하시오.

왕 사도가 그들을
사면하지 않아
궁지에 몰리니
반란을 일으킨 것
아닙니까?

좀도둑 몇 놈이
뭐가 그리 대단
하겠소? 내 이미
여포를 출격
시켰소이다.

곽사, 동탁은
이미 죽었다.
누굴 위해 죽음을
무릅쓰는 것이냐?

주인을 팔아 부귀영화를 얻은 놈! 먼저 정원을 죽이더니 동 태사까지 해쳤느냐!

내 그 주둥이를 찢어 주마!
얼마든지 와라!

탓!
으악!

빨리 철수해라!
하하하!

장군! 이몽, 왕방이 성문을 열어 이각을 맞아들였답니다. 속히 돌아가 어가를 구하십시오!
뭐라고?

그 시각 이각은 이몽, 왕방의 도움으로 장안성에 난입했다.

장안은 이미 함락됐습니다. 빨리 폐하를 모시고 달아나십시오.
아……
왕 사도, 반란군이 성에 난입했습니다. 얼른 저를 따르십시오.
폐하께서 나이가 어려 줄곧 나에게 의지하셨네. 그런 분을 버리고 어찌 혼자 도망가겠나?
으음…
관동의 의사들에게 군사를 소집해 폐하를 구하라고 전해라!
그럼 가 보겠습니다. 몸조심 하십시오!

다다다

천자가 여기 계신다. 이각, 네가 감히 폐하를 시해하려 하느냐?
무…물러나라!

신은 반란을 일으킨 것이 아닙니다. 폐하에게 충성한 동탁을 왕윤, 여포가 살해해 복수를 하려는 것뿐입니다.
살인범을 처단한 후에 달게 벌을 받겠습니다.

여봐라, 왕윤을 잡아라!

왕윤은 화를 피할 수 없음을 깨닫고 헌제에게 마지막 예를 올렸고 그 자리에서 이각, 곽사에게 죽임을 당했다.
이각, 곽사는 장안을 점령한 후 대권을 쥐고서 정적들을 모두 제거했다. 이로써 동한 왕조는 몰락의 길로 성큼 다가섰다.

유비가 없는 틈을 타 여포가 서주를 차지하다

연주자사 조조의 부친이 서주에서 피살되는 사건이 일어났다. 193년, 조조는 복수의 깃발을 내걸고 서주로 진공했다. 서주자사 도겸陶謙은 공격을 당해 내기 어렵자 청주의 전해와 유비에게 구원을 청했다.

와~
와~

청주의 유비가
왔으니 도공은
빨리 문을
여시오!

의리를 좇아
서주를 구하러 오신
유 사군이야말로
진정한 호걸
이십니다.
과찬의
말씀입니다.

조조 군중을
용맹하게 휘젓고
다닌 두 분 성함은
무엇입니까?
저는 장비
입니다. 자는
익덕이고요.
용맹! 사람
볼 줄 아시네.
하하
저는
관우이고
자는 운장
입니다.

주공, 조조가 철군합니다!
그래?

갑자기 왜 철군하지?
여포가 조조의 근거지인 연주를 습격했다 합니다.

여포는 장안에서 쫓겨난 후 조조가 서주를 공격하는 틈을 타 장막, 진궁 등과 연합해 연주를 빼앗았답니다.

조조가 물러갔지만 언제 다시 올지 모르니 사군은 서주에 남아 주십시오.
그럼 신세 좀 지겠습니다.

그런데 얼마 후 도겸이 병으로 쓰러졌다.

병세가 이렇게 빨리 악화될 줄 몰랐구나.
쿨럭

유비에게 가서 내 직위를 이어 받으라고 전해라.
예, 주공!

진등은 곧장 유비에게 달려가 도겸의 말을 전했다.

저는 덕과 재주가 부족해 중임을 맡기 어렵습니다.
서주의 인구는 백만이 넘어 사군께서 기반으로 삼을 만합니다. 이 기회를 놓치면 분명 후회하시게 됩니다.

그럼 염치 불구하고 받아 들이겠습니다.
잘됐습니다. 도공도 편히 눈감으실 겁니다.

서주
劉

여포가 주공께 투항 의사를 밝혔습니다.
여포가?

여포가 조조에게 패하고 갈 곳이 없자 주공에게 온 것입니다.
간에 붙었다 쓸개에 붙었다 하는 여포 놈을 거둬선 안 됩니다!
No!

여포는 천하제일의 명장이야. 만약 그를 등용한다면……

곤경에 처한 이가 찾아왔는데 받아들이지 않으면 우리만 속 좁은 사람이 된다.
주공!

유비는 친히 성을 나가 여포를 영접했다.

아우, 날 받아 줘서 고맙소. 정말 반갑구려!
아우?

유비와 여포가 서로를 의심하고 있을 때, 헌제는 이각과 곽사 사이에 내분이 발생한 틈을 타 장안을 빠져 나와 조조에게 몸을 의탁했다.

* 순욱荀彧
조조의 참모. 관도 대전 때 허도를 지키며 불리한 원소와의 싸움을 독려해 승리로 이끌었다.

서주를 잘 지키지 않고 여긴 웬일이냐?
서주는…… 여포에게 빼앗겼습니다.
네 꼴이?!
힝~
뭐?

당장 돌아갑시다. 이 한목숨 바쳐 여포를 죽이고 서주를 되찾겠습니다.

병사들의 가족이 모두 서주에 있어서 싸울 마음이 없을 것이다.
그럼 어쩝니까?

방법을 곰곰이 찾아 보자……

서주

난 다만 익덕을 대신해 서주를 잠시 관리한 것뿐, 아우에게 다시 돌려주겠소.
이런 상황에서 아우와 만나게 돼 너무 부끄럽소.

안 그래도 저보다 재능이 뛰어난 장군에게 서주를 드리려 했습니다. 다만 제가 지금 갈 곳이 없어서……

그럼 아우가 소패성에 주둔하시오.
감사합니다.

서주를 여포에게 뺏기고도 저렇게 침착하다니, 대단한 인내심이야.
브라보!

서주

원술이 대장 기령을 보내 소패를 공격한다고 유비가 구원병을 청했습니다.

진궁, 구원병을 보내야하오?
야심 큰 원술이 만약 소패를 점령한다면 서주도 위험해집니다.

그럼 바로 구하러 갑시다!

옳지!

하지만 원술에게 원한을 사서 좋을 것도 없습니다.
어쩌라고?

여포는 기발한 생각이 떠올라 유비와 기령을 한자리로 불렀다.

오늘 화해의 자리를 마련하기 위해 두 분을 이 자리에 함께 청했습니다.
우리 주공이 유비를 공격하라고 했는데 화해는 무슨 화해요?
뭐래는 거야?!

밖에 놓인 창의 작은 구멍에 제가 화살을 쏴 맞히면 쌍방이 화해하는 것이 어떻소?

이렇게 먼 거리에서 명중하기는 어려워.
좋습니다!
저도 이견 없습니다.
성공하면 내 장을 지진다!

쉭~
명중!
장군은 정말 신궁 입니다!
앗!
빈손으로 돌아가면 저는 주공에게 벌을 받습니다.
걱정 마시오. 원술에게 내 뜻을 알리는 편지를 보내겠소.
유비, 반갑소이다!
여포는 잠시 유비를 곤경에서 구해 주었지만 얼마 지나지 않아 다시 갈등이 빚어졌고 유비는 아예 조조에게 투항했다.

여자를 탐하다 전위를 잃다

이후 조조는 유비에게 소패를 지키며 여포를 견제하도록 했다. 그리고 친히 대군을 이끌고 완성에 주둔한 이각, 곽사의 옛 부하인 장수張繡 토벌에 나섰다.

안으로 드시지요.
그럽시다!

얼른 조 장군께 인사드려라!
이쪽은 제 부인이고…
저 여인은 누구요?
저는 ……

이분은 제 형수인 추씨입니다.
오호~

전위*,
몰래 가서 추씨를
데려오너라.
빨리!

추씨는 장제의 처이고,
장제는 장수에게 큰
은혜를 베풀었습니다.
혹시나 장수를 자극하지
않을까 염려됩니다.
괜찮다. 오늘밤
우린 성 밖에 영채를
차릴 것이다. 반란을
도모하면 없애
버리면 그만이다!

조조가 형수인 추씨를
취했다는 소식을 듣고
장수는 격분했다.
조조가 감히
내 형수를 건드려?
가만 놔두지
않겠다!
탁!

* 전위典韋
  힘이 천하장사로 조조의 경호를 맡았다. 조조가 장수의 형수인 추씨를 범하자 장수가 조조를 기습했는데, 이를 막으려다 전사했다.

장수는 가후의 계책에 따라 전위를 속이고 기습 작전에 돌입했다.

조조 놈을 잡아라!
기습인가?
내 창이 어디 갔지?
텅~
조조 놈을 잡아라!
주공을 건드리지 마라!
웬 놈들이냐?
펙!
무서운 놈이다!
다 덤벼!

* 조앙曺昻
조조의 장남. 조조가 특별히 아꼈으며 장수 정벌전에서 죽었다.

얍!
악!
이얍!
펵!

죽어라!
커억!

주공,
저는 여기까지
입니다……
부디
무사하시길…

다다다

조조, 어딜
달아나느냐?

얼른 가십시오. 여기는 제가 막겠습니다.
그럼 부탁하네!

조안민, 너 혼자뿐이냐?
다다다

저쪽으로 달아난다!

백부는 먼저 가십시오. 이곳은 조카가 막겠습니다.

이얏!

다다다
악!

아버지, 제가 왔습니다!
조앙!

조조를 놓치지 마라!
발사!

슉슉
슝~

제 말을 타고 가십시오.

으악!
아버지!

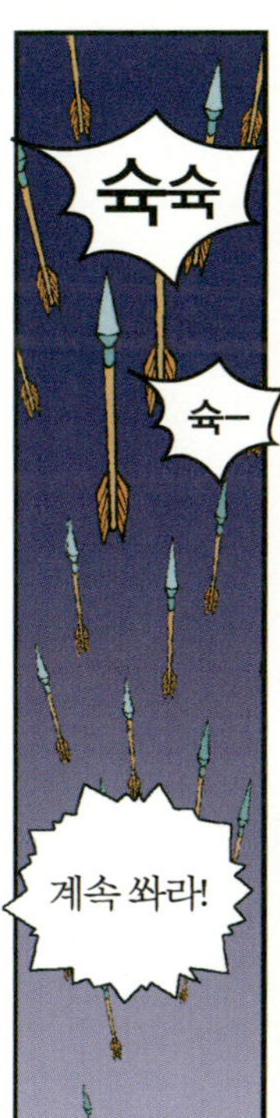

슉슉
슉—
계속 쏴라!

으악!

다다다

장수가 비록 조조를 무찔렀지만 자신의 병력 손실도 매우 컸다. 이후 몇 차례 전쟁에서 장수는 우위를 점하지 못했다. 후에 가후의 권유로 장수는 다시 조조에게 투항했다. 조조도 지난 앙금을 모두 잊고 장수를 전처럼 등용했다.

여포, 비굴한 죽음을 맞다

198년, 여포가 유비를 공격하자 조조는 먼저 하후돈을 대장으로 삼아 구원병을 보냈다. 이후 조조도 친히 주력부대를 이끌고 호응하여 단숨에 여포를 끝장낼 기세였다.

고순,
제 발로 죽으러
왔구나!
길고 짧은 건
대봐야
아는 법!

하하,
저 겁쟁이가
도망가는
꼴을 봐라!
후퇴하라!
챙!

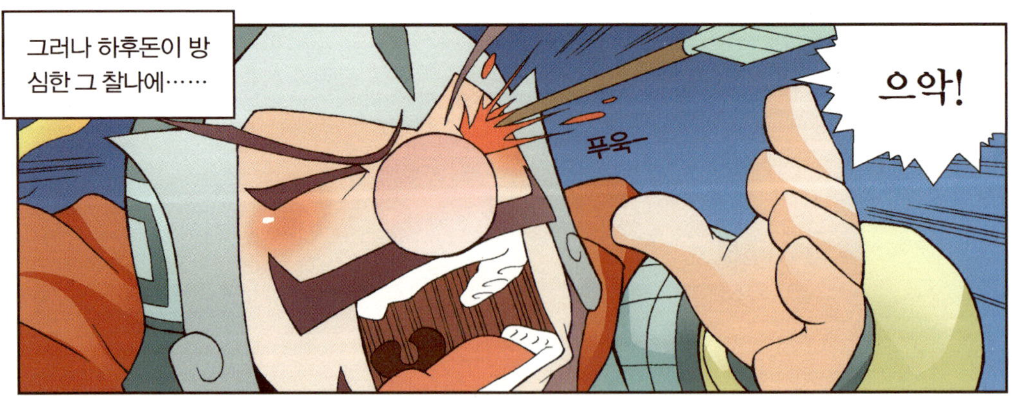

그러나 하후돈이 방심한 그 찰나에……
푸욱─
으악!

흥!

부모로부터 물려받은 눈을 버릴 수 없다!
아…!

앗싸! 내가 하후돈을 맞혔다!
조용히 해!
응?

감히 몰래 화살을 쏘다니. 죽어라!
다다다
흥!

얍!
윽!

조조는 하후돈을 구하고 파죽지세로 여포의 군대를 무찔러 서주를 포위했다.

하지만 이런 노력도 허사로 돌아갔다.

* 순망치한脣亡齒寒
입술이 없으면 이가 시리다는 뜻으로 서로 의지하고 있던 한쪽이 사라지면 다른 쪽도 위험해지는 관계를 이른다.

여포는 성을 나가기 전
시름을 달래려 부인의
처소를 찾았다.

장군,
얼굴이 어찌
그러십니까?
시무룩

내가 성 밖에
주둔하면 당분간
부인을 못 볼
것이오.

그거 혹시 진궁의
계책 아닌가요?
절대 그에게
속지 마세요.
속지
말라고?

진궁은 전에 조조의
부하였어요. 지금쯤
아마 후회하고 있겠죠.
그래서 장군을 밖으로
나가게 한 다음 조조
에게 투항하려는
거예요!
부인의 말이
맞소. 내 성을
절대 나가지
않으리다.

성을 나가고 싶지 않았던 여포는 부인의 말을 핑계로 아예 처소에 눌러 앉았다.

애초에 진궁이 조조와 싸우자고 해 놓고선 이게 무슨 꼴이람.
주공이 저 모양인데… 설사 싸움에서 이긴다 해도 누가 우리의 공을 알아주겠어?

성이 무너져 몰살당하기 전에 투항하는 게 신상에 이롭겠어.
그렇게 하자고.

위기가 코앞에 닥쳤지만 여포는 전혀 아랑곳하지 않았다.

마셔라!
장군, 취했어요.

주공, 조조군이 들이닥쳤습니다!
뭐라고?

송헌, 위속이 배신하여 적에게 성문을 열어 주었습니다.
엉엉~
처억!
가증스런 이놈들을 당장 없애 버리겠다!

장군, 대세가 이미 기울었으니 투항하세요.

아……
흑흑
탁

그래야 목숨을 보전하고, 신첩도 계속 장군을 모실 수 있어요.

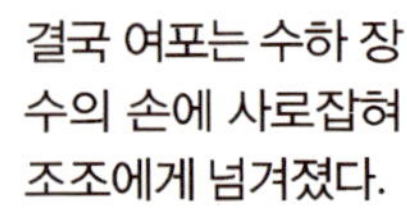

결국 여포는 수하 장수의 손에 사로잡혀 조조에게 넘겨졌다.

처음에 우리가 대결할 때 이런 날이 올 줄 상상이나 했겠소?
굴욕이야!

목숨만 살려 주시면 저 여포가 조공을 보좌해 천하를 취하 겠습니다.
흥!

진궁이 대령했습니다!

내 그대에게 그토록 잘 대했는데 왜 나를 배신하고 여포를 도운 거요?
조공에게 불충했던 죄에 대해 어떤 변명도 하지 않을 터 얼른 내 목을 베시오!

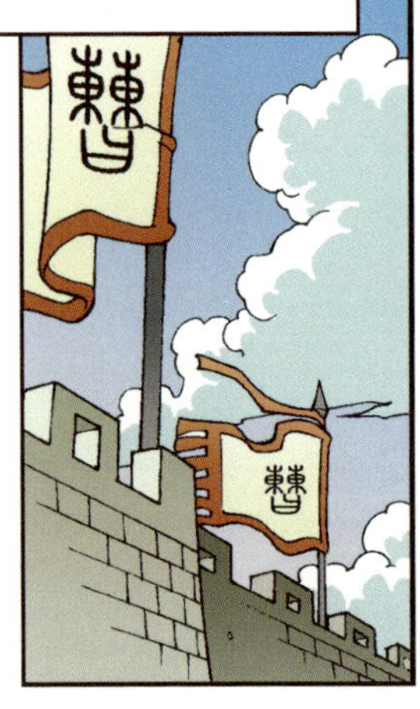

어리석은 여포가 내 말을 듣지 않아 이 지경에 이른 것 뿐이니!
저 멍청이!

옛일은 모두 잊고 다시 그대를 중용하면 어떻겠소?
아!

조공의 호의만 감사히 받겠습니다. 단지 제 가족만 잘 보살펴 주십시오.
불충한 사람들의 본보기가 되도록 스스로 죽음을 맞겠습니다.

여포, 당신도 진궁 같은 기개가 있다면 중용을 고려해 보리다.
네?
쟤가 퍽도 있겠다.
유비, 원술이 자넬 공격할 때 내 구해 주지 않았소? 무슨 말이라도 해 보시오.
……
아까부터 말도 없고, 아이고 답답해!!

처음에 호의로 널 받아주었더니 은혜를 원수로 갚고 서주를 빼앗은 일을 잊었느냐! 나도 지금 남에게 얹혀사는 중이라고.
흥!

조공은 정원과 동탁이 어떻게 죽었는지 잊으셨습니까?

여포는 먼저 정원을 따랐다가 후에 정원을 죽이고 동탁에게 의지했지. 동탁은 여포를 양아들로 삼았는데 그마저 죽여 버렸고.
소문 쫙 났어!
너만 할까?
여포를 끌고 가 목을 베어라!
유비, 이 배은망덕한 놈아!

조조는 여포를 멸하고 서주를 차지하면서 북방의 패주 원소와 승부를 겨룰 만큼 막강한 실력을 갖추게 되었다.

술을 마시며 영웅을 논하다

여포를 정벌하고 돌아온 조조는 헌제를 협박해 승상에 올랐다. 꼭두각시로 살고 싶지 않았던 헌제는 좌장군 유비를 자기편으로 끌어들이기 위해 국구 동승董承을 통해 유비에게 의대조*를 전하고 조조를 제거하도록 했다.

* 의대조衣帶詔
인금이 옷에 써 내린 왕명으로 비밀스런 임금의 명령.

* 허저許褚
위나라 장수로 조조의 호위를 맡았다. 위나라 건국의 일등공신으로 벼슬은 무위장군에 올랐다.

무슨 일로 절 찾으십니까?
저야 모르죠. 그럼 저를 따라 오십시오.

동승과의 밀약이 탄로 난 것 아냐?

유비, 요즘 집에서 대사를 도모하신다고요?

그…… 그게 무슨 말씀 이십니까?

채소 가꾸는 게 보통 일은 아니지요.
아, 그거요. 그저 소일거리로……

휴, 십년 감수했네.

매실이 잘 익어서 유 사군과 술이나 한잔 할까 하고 불렀소이다.
잊지 않고 불러 주셔서 감사할 따름입니다.

맛좋은 술이 몇 잔 들어가니 속고 속이는 이 세상사도 그저 즐겁기만 하구려!
맞는 말씀입니다.
하하!
쏴아ー

이 어지러운 세상에서 영웅이라 부를 만한 이는 누가 있을까요?
퀴즈!

제가 그런 말할 자격이 있는지……
겸손이 지나치시오.

하북의 원소는 4개 주를 점거하고 수하에 인재도 많으니 영웅이라 부를 만합니다.
하하, 그 말이 나올 줄 알았소.

원소는 포부는 크나 재능이 그에 미치지 못해 큰 인물이 될 수 없소.

그렇다면 원술, 유표劉表, 손책은 어떻습니까?
그들은 조만간 나에게 멸망당할 것이오.

저는 아무래도 잘 모르겠습니다만……
그럼 누구? 네가 말해봐!

천하의 영웅은 유 사군과 이 조조 둘뿐이오.

헉!

콰르릉

젓가락은 왜 떨어뜨렸소?
천둥소리에 깜짝 놀라서……

하하!

전쟁터에서 생사를 넘나드는 사람이 천둥을 무서워하시오?
성인도 '천둥이 갑자기 치고 바람이 거세면 낯빛이 변했다'는데 어찌 두렵지 않겠습니까.

그래. 내 언젠간 반드시 너의 유일한 적수가 되고 말 테다!

원술이 양주에서 인심을 잃고 주변 사람들이 떠나 원소에게 투항한다 하니 제가 그를 막겠습니다.
그 일이라면 장수들을 소집해 상의한 다음 처리합시다.

조금만 늦어도 기회를 잃습니다. 원술이 가진 옥새가 원소에게 절대 넘어가서는 안 됩니다.
좋소. 주령과 노초를 부장으로 삼아 원술을 막으시오.
반드시 임무를 완수 하겠습니다!

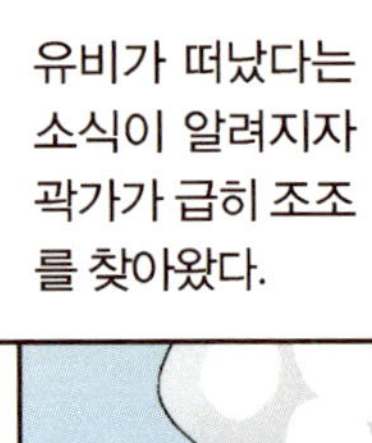

유비가 떠났다는 소식이 알려지자 곽가가 급히 조조를 찾아왔다.

주공, 어째서 유비를 출전 시켰습니까?
엉?

곽가, 잘못된 거라도 있나?
유비를 놓아 주어선 안 됩니다.

유비는 재능이 뛰어나고 포부가 커서 남의 밑에 있을 사람이 아닙니다. 이번에 가면 절대 돌아오지 않을 것입니다.

내 거기까지 생각이 미치지 못했구나. 당장 유비를 추격하라!

주령과 노초를 같이 보냈으니 아무 문제 없을 게다.
그들은 유비의 적수가 못 됩니다. 또 부장 신분이라 감히 반대하지도 못할 거고요.

다다다

이번 출정을 왜 이리 서두르십니까?

나는 지금까지 새장에 갇힌 새의 신세였다. 드디어 자유를 얻었으니 빨리 달아나야 한다.

뒤에서 병사들이 쫓아옵니다!
조조가 분명 후회하고 나를 추격하는 것이다.

관우, 장비는 대오를 정렬하고 맞이하라!
예!

다다다

허저 장군, 여긴 어인 일이시오?

장수가 밖에 나가면 군명을 듣지 않는 법! 승상께 원술을 사로잡아 돌아간다고 전해 주시오.

승상께서 출정에 관해 상의할 일이 있다고 돌아오시랍니다.
몰라 물어?

이런, 유비를 데려오라고만 했지, 명에 따르지 않으면 어떡하란 말이 없었으니……

유비는 원술을 물리친 후 서주를 점령하고 돌아가지 않았다. 얼마 후 동승 등의 음모가 발각되면서 조조는 유비가 주모자 중 하나임을 알아냈다. 이에 즉각 출동해 유비를 격파했다. 유비는 원소에게 몸을 의탁했고, 유비와 연락이 끊긴 관우는 조조에게 포로로 잡힌 후 항복했다.

* 진용陣容
  진영陣營의 형편 또는 상태.

강동을 평정한 손책

손책의 자는 백부로 명장 손견의 아들이다. 원술 밑에서 활약하며 여러 차례 전공을 세웠지만 원술의 시기를 받자 외삼촌 오경을 도와 강동의 유요를 물리치겠다는 구실로 원술에게서 벗어났다.

백부!
주유?

장군, 곧 오경의 영지입니다.
속도를 더 내라!

주유가 있으니 유요를 무찌르는 건 시간문제다!
두 분이 친한 친구 사이였군요.

자네가 강동에 온다는 소식을 듣고 즉각 군대를 조직해 도우러 왔네.
이거 더욱 자신감이 생기는걸.

같이 외삼촌을 찾아갔다가 오늘 밤새 얘기나 나누세.
좋지!

강동

원술이 새로 손책을 보냈다고 하니 제가 출전해 적의 기세를 꺾겠습니다!
유요
태사자, 농담하나? 일개 말장에게 군대를 통솔하게 하면 손책이 우리 군중에 장수가 없다고 비웃을 것 아닌가?

하하!
오히려 아무도 출전하는 장수가 없어서 비웃음을 살 걱정이나 하십시오!

시끄럽고. 가서 적의 동정을 살펴보고 오면 한번 생각해 보겠다.
나가 나가~
윽-

주공이 지나쳤습니다. 대장 재목인 장군을 몰라 보고 염탐이나 보내다니요.
휴……

누구냐?

나는 동래의 태사자다. 너는 누구냐?
나는 손책이다!

마침 널 찾고
있었다. 창을
받아라!
죽고 싶어
환장했구나!

무예가
출중하구나.
나에게 오면 널
중용하겠다.
먼저 네
목숨이나
부지해라.

백부,
힘내라!
孫
장군,
힘내세요!

이얏!

받아라!
흥!

내려와라!
헉!

얍!

큰일이다!
내 창!

이런!
탁

손 장군!

이런, 오경의 군대야!

우리가 왔다!

흥! 유요도 군대를 이끌고 왔구나.

운이 좋구나. 다음날 다시 한번 붙자!
좋아, 정말 멋졌어. 실력이 보통이 아닌걸!

태사자를 꼭 우리 편으로 만들겠어!
시종 한 명만 딸려 보낸 걸 보면 유요가 그를 중용하지 않는 것 같아. 문제없겠어.

나에게 유요를 물리칠 계책이 있다고.

그날 밤 손책은 유요의 군영을 기습했는데…

이야!

아이쿠!
장군이 화살에 맞았다!

빨리 퇴각하라!

유요 군영

손책이 죽어서 저들이 지금 장례식을 치른다고 합니다. 이틈을 타 적을 기습하시죠.

강동은 내꺼!
옳지, 지금이야 말로 적을 강동에서 몰아낼 기회다!

와~
돌격하라!
와~

군영이 왜 텅 비었지?

넌 계략에
빠졌다!
주유?

유요를
잡아라!

와
와~
와

손책이
여기 있다!

이런,
손책에게
당했군!

유요는 산속으로 도망가고 잔당들은 모두 없애 버렸네.
좋아.

주공, 누굴 잡아 왔는지 보십시오!

태사자?
흥!

어? 왜 풀어주지?
일찍부터 내게 오라 권했건만, 이런 식으로 만나는구려.

만약 입장이 바뀌어서 내가 그대에게 잡혔다면 날 죽였겠소?
모르겠소.

그대가 날 위해 일해 주길 진심으로 바라오. 우리 함께 대업을 이룹시다!
아……

주공을 위해 충성을 다하겠습니다!
어서 일어나시오.

그럼 수고해 주시오.
유요가 패한 후 군사 수만 명이 각지로 흩어졌으니 제가 이들을 규합하겠습니다.

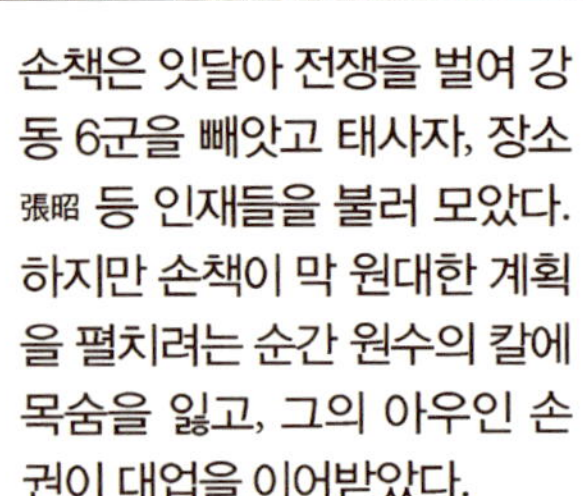
손책은 잇달아 전쟁을 벌여 강동 6군을 빼앗고 태사자, 장소張昭 등 인재들을 불러 모았다. 하지만 손책이 막 원대한 계획을 펼치려는 순간 원수의 칼에 목숨을 잃고, 그의 아우인 손권이 대업을 이어받았다.

삼국 下

삼
국
下
三國

인물 소개

유비劉備

서한시대 중산정왕中山靖王 유승劉勝의 후예로, 영제靈帝 말년에 황건군을 토벌하는 공을 세우면서 정치 무대에 등장했다. 후에 삼고초려로 제갈량을 얻어 촉한을 개국하고 소열제昭烈帝에 올랐다.

원소袁紹

동한 말기의 군벌 중 한 명. 명문가 출신으로 관도 대전에서 조조에게 대패하고 훗날 병사했다.

관우關羽

동한 말기의 명장으로 유비가 고향에서 군사를 일으킬 때부터 따른 최측근이다. 세상을 떠난 후 그의 이미지가 점차 신격화되면서 민간에서는 지금까지도 그에게 제사를 지내며 '관공關公'으로 추앙하고 있다.

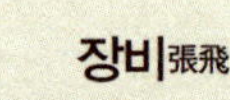

장비張飛

촉한의 명장으로 관직은 거기장군車騎將軍에 오르고 서향후西鄕侯에 봉해졌다. 장비는 중국 전통 문화에서 용맹함과 경솔함, 악을 원수처럼 미워하는 이미지로 각인되었다.

조조曹操

동한 말기의 유명한 정치가이자 시인. 삼국시대에 위나라의 기초를 다지고 위왕魏王에 올랐다. 그의 아들 조비曹丕가 황제를 칭한 후에 위무제魏武帝로 추존되었다.

주유周瑜

동오의 명장으로 외모가 수려하여 '주랑周郎'이라는 별명을 얻었다. 적벽 대전 중에 손권과 유비의 연합군을 지휘하여 조조의 대군을 격파하고 삼분천하의 기초를 다졌다.

곽가郭嘉

동한 말기 조조 수하의 모사. 조조의 오환烏丸 정벌에 참전했다가 병사했다.

조운趙雲

자는 자룡子龍으로 처음에 공손찬公孫瓚을 따랐다가 후에 유비에게 귀순했다. 조조가 형주를 취할 때 유비가 당양, 장판에서 패하자 목숨을 걸고 감부인과 유비의 아들 유선을 구해냈다.

손권孫權

삼국시대 오나라의 개국 황제. 손견의 차남으로 어렸을 때 형 손책을 따라 강동을 평정했다. 229년에 황제를 칭하고 정식으로 오나라를 건립했다.

노숙魯肅

동한 말기 동오의 유명한 군사 전략가. 일찍이 손권에게 강동에 정립하는 방안을 제기해 손권의 큰 신임을 얻었다.

제갈량諸葛亮

자는 공명孔明, 호는 와룡臥龍으로 삼국시대의 걸출한 정치가이자 전략가이다. 살아 있을 때 무향후武鄉侯에 봉해졌고, 죽은 후 시호는 충무후忠武侯였다. 「출사표出師表」 등의 명문을 남기고, 목우유마, 공명등 등을 발명했다.

화타華陀

동한 말기의 의학자. 의술이 매우 뛰어났고 특히 외과와 수술에 정통했다. 그가 '마비산麻沸散'으로 환자를 수술한 사건은 세계 의학사에서 전신마비를 통해 수술을 진행한 최초의 기록으로 남아 있다. 또한 동물의 동작을 본떠 만든 '오금희五禽戱' 체조로 사람들의 신체 단련에도 기여를 했다.

조조와 원소의 관도 대전 上

유비가 원소에게 투신했을 때, 원소는 이미 기주, 유주, 병주, 청주를 점령하여 제후들 중에 가장 막강한 실력을 자랑했다. 200년, 원소는 군사를 이끌고 남하하여 조조와 결전을 벌이고자 했다.

전풍의 말이 맞습니다. 막 공손찬을 멸한 터라 병사들에게 절대적으로 휴식이 필요합니다.

전풍, 저수, 너희들은 어째서 늘 내 말에 반대만 하느냐!

아군의 실력이 조조보다 월등하여 조조만 단번에 격파하면 중원을 손에 넣을 수 있습니다.
곽도의 말이 내 뜻과 꼭 부합한다.

안량, 이번 공격은 그대가 선봉장을 맡아라!
예, 주공!

안량 장군은 용맹하기는 하나 성격이 조급하여 모사를 함께 보내야 합니다.
뭐 성격이 급해?
저수, 그게 무슨 뜻이냐?

* 중과부적衆寡不敵
적은 수효로 많은 수효를 대적하지 못함.

좋은 계책이오.
헌데 북방 명장
안량을 상대로
누굴 보내면
좋겠소?

관우가 서주에서
포로로 잡힌 이후
한 번도 능력을 보여
주지 않았습니다.
그럼 관우를
보내도록
합시다.

백마성

유연, 빨리
항복해라! 조조의
구원병은 절대
오지 않는다.

그게 무슨
소리냐? 여기
관운장이
왔다!
엇? 왔네.

다다다

얼마든지
덤벼라!

챙―

윽!

안량 장군이
죽었다! 빨리
달아나자!

휴, 서주에서 뿔뿔이 흩어진 뒤로 관우와 장비의 소식을 알 수 없으니 답답해 미치겠구먼.
유 사군!
아니!

자룡, 이게 얼마 만이오?
사군께서 원소 진영에 계신단 얘길 듣고 찾아 왔습니다.

공손찬 진영에서 헤어지고 나서 그대 소식을 듣지 못했소이다.
공손찬은 독불장군처럼 굴다 원소에게 패했습니다.

원소가 절 계속 부르고 있지만 전 그에게 투신할 마음이 없습니다.
원소는 조조의 적수가 아닙니다. 사군께서도 따로 방도를 찾아 보십시오.

원소가 전풍, 저수의 올바른 의견도 무시했는데, 난 제삼자여서 말하기조차 껄끄럽소.

주공께서 상의할 일이 있다고 장군을 찾으십니다.
무슨 일인데 이리 다급히 찾는가?

안량 장군이 얼굴이 붉고 수염이 긴 장수에게 살해되었답니다.
그래?

여기서 잠시 쉬고 계시오. 내 금방 다녀와서 다시 얘기 나눕시다.
그리 하시죠.

안량은 하북의 최고 맹장인데, 조조 진영에 굉장한 실력자가 있었군요.
얘길 들어 보니 딱 운장이야.

원소 군영

안량이 죽었으니 이제 어떡한단 말이냐?

안량은 저와 친형제나 다름없습니다. 제가 꼭 복수하겠습니다!

문추, 이번에는 네가 선봉에 서라. 내 친히 대군을 이끌고 가서 지원하겠다.

현덕도 문추를 도우시오.
명에 따르겠습니다.

안량이 살해되어 아군의 사기가 크게 떨어졌으니 당장 철군해야만 합니다!
그대야말로 강적을 앞에 두고 아군의 사기를 꺾는 말을 하고 있다!

출병 이후 전풍이 계속 군심을 어지럽히고 있으니 절대 용서해서는 안 됩니다.
희!

저는 죽어도 좋지만 이번에 가면 수십만 형제들이 목숨을 잃고 말 것입니다!
당장 끌고 가라!

전풍을 옥으로 압송해라. 조조를 격파하고 돌아와 죄를 물을 것이다!

원소는 문추를 출격시킨 후 10만 대군을 거느리고 위풍당당하게 황하를 건넜다.

도도히 흐르는 황하를 이번에 건너면 다시 돌아오지 못하겠구나.

주공!

우리 군대가 적에게 패하고 문 장군이 전사했습니다.
뭐?

대장이 전사해 전세가 불리하니 철군하는 게 좋겠습니다.
헛소리 마라! 빈손으로 돌아가면 사람들의 웃음거리만 된다.

전속력으로 전진하라. 내 반드시 안량, 문추의 원수를 갚겠다!

원소가 연이어 대장을 잃고도 충고를 무시하고 있어. 살아 남으려면 빨리 여기서 빠져나가야 한다.

주공, 제가 형주의 유표에게 가 조조의 후방을 교란하도록 하겠습니다.
좋소, 지금 바로 출발하시오.

다다다

바로 형주로 가는 겁니까?
먼저 여남으로 갑시다.

운장이 조조 진영에 있다 하니 내 소식을 들으면 분명 여남으로 날 찾아올 것이오.

관우는 유비의 소식을 듣고 조조를 찾아가 작별을 고했다.
제가 안량, 문추를 제거하여 승상의 은혜에 보답했으니 이제 저를 놓아 주십시오.

내 그대를 후하게 대우했는데 이렇게 미련 없이 떠나야 되겠소?

승상의 후대에 감사하지만 전 이미 유 장군과 생사를 같이 하기로 맹세한 사이, 승상을 따를 수 없습니다.

휴, 사람마다 지향하는 바가 다르니 억지로 잡지 않겠소.
감사합니다!

관우는 유비의 아내를 보호하며 여남으로 가 마침내 유비, 장비와 재회했다.

조조와 원소의 관도 대전 下

조조군이 원소의 대장 안량, 문추를 죽였지만 원소는 여전히 10만 대군을 이끌고서 황하 이남의 주요 거점을 확보하고 조조를 압박했다.

조조는 첫 정규전에서 대패한 후 관도官渡 영채로 들어가 자리를 굳게 지켰다.

조조가 패한 후 군영에 숨어서 감히 나오지 못하고 있습니다.

별것도 아닌 조조를 전풍, 저수 놈들이 괜히 부풀려 얘길 하지 않았느냐!
하지만 조조가 계속 숨어 있기만 하면 골치 아픈데……
난 장기간 소모전을 벌일 맘이 없다.

저에게 한 가지 계책이 있습니다.
오, 그거 기발한대?

영차!
영차!

저 망루는
뭐지?
어떻게
하룻밤 사이에
올라온 거야?
슉―
윽!

슉―

달아나자!
걸음아,
날 살려라!
피융―

우왕좌왕하지 말고 제자리를 지켜라!
원소군의 사정권에 있어서 도망쳐 봐야 소용없다!
허도에 있을 때 유엽이 이 전법에 대비하라면서 벽력거 제작도를 주었소.
벽력거요?

뚝딱~
뚝딱─

오늘은 불화살로 조조를 태워 죽이자!
조조군이 나무판을 등에 대고 밥 먹는 거 정말 웃기지 않았어? 크크

슝—
저기 봐!
저게 뭐지?

쾅!
으악!

슝
슝
슝

쾅!
쾅!
쿵!

원소군의 망루가 벽력거에 모두 무너졌습니다.
허허, 잘되었다!
쌤통이다, 고놈들!

하지만 전세가 지구전 양상을 띠면서 조조 진영의 식량이 나날이 줄어 가고 있을 때 허유가 원소를 찾아왔다.

허유, 성은 방어 안 하고 여기까지 무슨 일이냐?

조조가 순욱에게 보내는 군량 재촉 편지를 빼앗았습니다. 저들의 식량이 곧 떨어진다고 합니다.
오, 어서 보여 주게.
Good News~

음……

조조는 일처리가 치밀한 사람이라 이렇게 쉽게 편지를 빼앗길 리 없다.
하지만……
하하, 이건 분명 조조가 날 속이려는 계략이다. 내가 네 꾀에 속아 넘어갈 줄 아느냐!
역시 난 똑똑해!

양군이 대치한 지 오래되어 조조군의 군량도 다 떨어졌을 것입니다. 따라서 이 편지는 사실일 가능성이 높습니다.
맞는데…

나는 조조와 어려서부터 함께 자란 사이다. 설마 내가 그의 간사한 성격도 모를 줄 아느냐?

이는 하늘이 준 기회입니다.
그만 떠들고 빨리 돌아가라. 한 번 더 자리를 비우면 엄벌에 처하겠다!

148

아, 원소가 과대망상증에 걸려 있어. 이러다간 조조에게 패하고 말 거야.
차라리 조조에게 몸을 의탁하자.

허유는 그 길로 한달음에 조조를 찾아갔다.

허유라는 첩자를 잡았는데 승상께 투항하러 왔다고 합니다.
허유라고?

어서 모셔 와라!

승상, 왜 맨발로 뛰어 나오십니까?
그대가 왔다는 얘길 듣고 너무 기뻐서 신발 신는 것도 잊었구려.

그대가 도와주기만 하면 원소를 쉽게 물리칠 수 있을 것이오.
어서 안으로~

드시오!

순우경이 오소에서 식량을 관리하고 있습니다. 오소를 급습해 식량을 불태우면 승리는 승상의 것이 됩니다.
기가 막힌 계책이오!
역시!

조조는 즉시 행동에 나서 오소를 기습하고 순우경을 참수했다.

주공, 큰일 났습니다!

장합, 무슨 일인데 이리 허둥대는가?
오소가 조조군에게 기습 당했습니다!

조조가 주력 부대를 이끌고 가서 본영의 병력이 분명 모자랄 테니
본영으로 쳐들어가 오소의 위기를 구하는 게 낫습니다.

그거 좋은 생각이다!
하지만 아군의 식량이 모두 오소에 있어서 늦으면 전군이 위험해집니다.

그러면 군사를 두 길로 나누어 너는 조조 본영을 공격하고 장기는 오소를 구하도록 하라.
두 곳을 같이 공략하기엔 무리가…
그건……

아, 이 싸움은 원소가 졌다!

얼마 후 장합은 조조에게 투항했다. 원소는 관도에서 참패를 당하고 황급히 기주로 달아났다가 202년 여름 병사했다.
관도 대전 이후 조조는 제후 중에 가장 막강한 실력자로 부상했다.

오환 정벌과 안타까운 곽가의 죽음

유비는 전혀 걱정 하실 필요 없습니다. 인재를 시기하는 유표가 그를 신임할 리 만무합니다.
내 마음을 알아주는 이는 곽가 그대뿐 이로구나!

북방에는 원소의 옛 부하가 많아서 원상과 오환을 방치하면 후환이 생길 위험이 높다.
나는 북방 출병을 이미 결심했다!

용병은 속도가 가장 중요합니다.
어떻게 하면 되겠느냐?

군량을 놓아두고 경기병을 보내 적의 허를 찔러야 합니다.
참~ 믿음직스러워.
좋은 계책이로다!

오환

대왕,
조조의 대군이
쳐들어옵니다!

원상, 조조의
군대는 그대가
불러들인 격이니
대책을 말해
보시오!
워워~
염려하실
필요 없습니다.

조조군은 먼 길을
달려오느라 피로가
극에 달해 있습니다.
우리가 병력을 집중해
공격하면 승리할 수
있습니다.

전군은
전투 태세를
갖춰라!
예!
쿵
쿵

* 장료張遼
위나라의 장수. 여러 차례 전공을 세웠고, 특히 오나라와의 합비 전투에서 크게 활약했다.

돌격!

와―

적이 너무 강하다.
빨리 달아나자!
원씨를 위해 개죽음
당할 필요 없다.

하하하!

제가 무능해
원상을 사로잡지
못했습니다.

그런데 오환 정벌을 마치고 귀환하던 도중 곽가가 풍토병에 걸리고 말았다.

괜찮습니다.
철군은 잘하신
결정입니다.
이 많은 사람 중에
날 이해하는 건
그대뿐이구나.

몸도 안 좋은데
날 따라 출정한
그대의 충정이
갸륵하다.

훌훌 털고
일어나서 함께
천하를 평정
하도록 하자!
그러겠습니다.
감격~

곽가, 조금만
견디게!
다다다

철썩~

주공,
앞에 바다가
보입니다.

드넓은
바다로구나!

동쪽 갈석산
에서 창해를 바라보니
바다는 힘차게 출렁이고
섬에는 산들이 우뚝
솟아 있네.

수목은 빽빽이 자라고 온갖 풀들이 무성하다. 가을바람 소슬한 가운데 거대한 물결이 용솟음 친다.
해와 달이 마치 저 속에서 나오는 듯하고 찬란한 은하수도 저 안에서 나오는 듯하다. 심히 기쁘구나, 내 뜻을 노래함이!

조조의 「창해를 바라보며」는 천고의 명시가 되어 수천 년이 지난 지금도 널리 암송 되고 있다.

어째서 이리도 오래 시간을 지체하십니까?
대해를 보니 감상에 젖어 시를 한 수 지었네.

아차, 빨리 업성으로 돌아가 곽가를 치료해야 하는구려.

161

조조가 업성으로 돌아온 지 얼마 지나지 않아 요동에서 사신이 도착했다.

공손강이 상자 두 개를 보냈습니다.
드디어 왔군.
하하, 공손강이 원상의 목을 보낸다고 하지 않았소?
그럴 리가요?
보시오!

앗, 정말 원상과 그의 형 원희의 목이다!

어디
봅시다!
나도
봅시다!

공손강은 원래 원상을
두려워했소. 그런데 만약
우리가 쳐들어갔다면
두 사람은 힘을 합쳤을
것이오. 반대로 그냥
놓아두면 이렇게 서로
죽이게 되어 있소.

주공의 신묘한
계책에 감탄이
절로 나옵니다!

아무도 이를
믿지 않았지만
곽가만이 내
의중을 알아
챘소.

곽가의 아들
곽혁이 뵙기를 청
합니다. 곽가가 이미
세상을 떴다고
합니다.
뭣이라?!

곽가의 죽음은 조조에게 커다란 손실이었다. 이제까지 조조는 순풍에 돛을 단 듯 많은 영토를 차지했지만 이후에는 상황이 갈수록 나빠져 번번이 좌절에 부딪혔다.

유비가 삼고초려로 제갈량을 얻다

유비가 몸을 의탁한 형주자사 유표는 겉으론 그를 존중했지만 속으로는 그의 재능을 몹시 질투했다. 유비는 조조가 오환 정벌에 나선 틈을 타 허창을 기습하자고 제안했지만 유표는 이를 받아들이지 않고 그에게 신야에 주둔하며 조조를 경계하도록 했다.

그때 서주는 현덕, 조조, 여포, 원술이 서로 차지하려고 다툴 만큼 영웅들의 각축장이었지.

말이 나온 김에 아우는 당시 특별히 기억에 남는 인재가 있는가?
진등이 먼저 떠오릅니다. 애석히도 저와 같이한 시간은 길지 않았고, 후에 조조에게 등용돼 수차례 큰 공을 세웠죠.
제가 보기에 진등은 교만하기 짝이 없는 인물입니다.

형님, 허사의 말이 맞다고 생각하십니까?
틀리다고 하면 명사인 허사가 사람을 잘못 본 게 되고, 맞다면 천하에 퍼진 진등의 명성에 흠이 가니……
곤란~

166

그럼 진등이 교만하다는 증거가 있습니까?

전에 진등을 방문했을 때 그는 제 말을 듣기는 커녕 자신은 큰 침상에서 자고 저는 작은 침상에 재웠었죠.

그대가 재능 있는 선비라는 사실이 정말 맞기는 하오?
어지러운 세상에서 진등은 한 왕실을 보위하려 애쓰는데 그대는 고작 좋은 집과 땅만 바라지 않았소?

진등은 그래도 당신 체면을 생각해 작은 침상을 내줬지만 나 같으면 그것도 아까웠을 것이오!
왜 이렇게 몰아세워?!

하하, 아우가 이렇게까지 화내는 모습은 처음 보네.
진등은 충성과 의리가 있고 기품이 넘치는데 그를 비판하다니요.

허사,
못 들었소?
빨리 안 가고
뭐하시오?
네엣?

쯧쯧, 아우가
일깨워주지 않았으면
저 입만 산 인간에게
속을 뻔했네 그려.
흥!

아우,
왜 그러나?
끙……

하하,
사람하고는!
어서 다녀
오게.
측간이
급해서요.

오래
기다리셨죠?
힝~
갑자기
왜 우는 겐가?

전에 전쟁터를 누빌 때는 다리가 온통 근육뿐이었는데
방금 측간에 가서 보니 근육이 비계로 변했더군요.

세월은 이리도 빨리 흐르는데 이뤄 놓은 것이 없어 너무 서글퍼서 그랬습니다.
휴……

신야

저는 영천의 서서라고 합니다. 사군께서 인재를 구해 조조에 대항하려 한다는 얘길 듣고 한달음에 달려왔습니다.

서 선생, 이리 와 앉으시오.
감사합니다.

조조가 하후돈, 우금을 박망에 보내 신야를 호시탐탐 노리는데 사군께서는 적을 막을 방법이 있습니까?

저에게 하후돈을 물리칠 계책이 있는데 한번 들어 보시겠습니까?
오, 빨리 말해 보시오.

나도 그 일 때문에 고민이오. 유 자사는 변방에 관심이 없어서 군사도 얼마 내어 주지 않았소.

하후돈과 우금은 기세등등하게 박망을 향해 진격했다.

하후 장군, 지금 행진 속도가 너무 빠른데 조심하는 게 좋겠습니다.

우금, 왜 이리 겁이 많은가? 설마 내가 유비를 못 이길까 봐서.

장료는 주공을 따라 원씨를 멸하는 큰 공을 세웠다. 우리가 아무 공도 없으면 무슨 낯으로 동료들을 보겠나?
하지만 ……

조운이 여기 있다. 누가 감히 우리 영토를 침범하느냐!

마침 잘 왔다. 네놈을 먼저 제물로 삼은 다음 유비를 죽이겠다!

챙―
챙―

어딜 달아 나느냐?
다다다

빨리
철수하라!

저들이
달아난다.
얼른 쫓아라!
뭔가
낌새가…

장군,
매복을 조심
하십시오!

와ㅡ

하후돈이
좁은 길로 들어
왔습니다.
옳지,
지금이다!

활활~

매복이다!
빨리 후퇴하라!

이번 전투는 서 선생의 묘책으로 통쾌한 승리 거두었소.
하하하!
하하, 부끄럽습니다.

이제까지 조조를 이기지 못한 건 선생 같은 뛰어난 참모가 없었기 때문이오.

주공께서 대업을 이루려면 저만으론 부족하고 반드시 제갈량을 등용하셔야 합니다.
제갈량이요?
??
융중에 은거 중인 제갈량의 자는 공명이고 호는 와룡인데 재능이 저보다 열 배는 낫습니다.

선생이 와룡을 초빙해 주시겠습니까?
어서 어서~
주공께서 친히 가서 청해야만 산에서 나올 것입니다.

와룡 선생…
흠…
그리하도록 하지요.

유비는 세 번째 방문 만에 제갈량을 만날 수 있었다. 이를 '삼고초려三顧草廬'라고 부른다.

동쪽의 손권은 삼 대째 강동을 점거하여 기반이 견고합니다.
따라서 손권을 동맹으로 삼아야지 적으로 만들면 안 됩니다.

형주는 전략적 요지인데 유표가 무능하니 장군이 이곳을 취하십시오.
또 익주는 땅이 비옥한데 자사인 유장은 유약하니 이곳도 하늘이 장군에게 내린 선물입니다.
장군이 형주와 익주를 점거하고 손권과 손을 잡아 한 왕실 부흥의 기치를 내건다면 천하를 평정할 수 있습니다.
정말 훌륭합니다!

선생의 가르침에 시야가 확 트입니다!
선생, 제 군사가 되어 함께 한 왕실을 구하고 천하를 평정합시다!

장군께서 미천한 저를 개의치 않고 삼고초려 하셨으니 기꺼이 따르겠습니다!
천군만마!!

조운이 적진에서 아두를 구하다

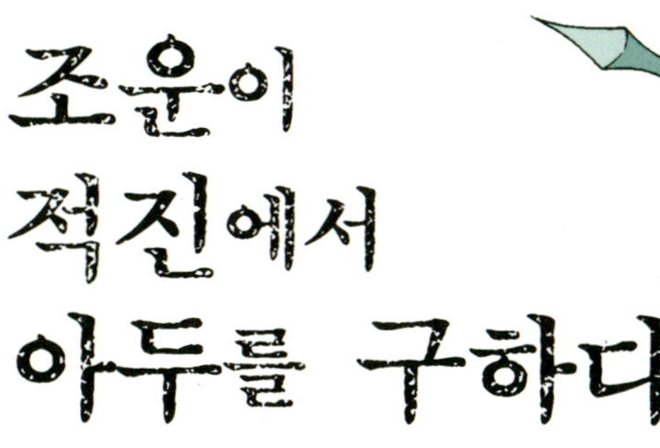

208년, 조조의 대군이 형주로 남하해 선봉대는 곧장 유비가 지키는 번성과 신야 일대를 침공했다. 이때 마침 형주자사 유표가 병사하자 하구를 지키던 장자 유기를 제쳐두고 어린 아들 유종이 유표의 뒤를 이었다.

네놈이 저승으로 가고 싶은 게로구나!
제발 살려 주십시오!

쥐새끼 같은 놈은 죽일 가치도 없다. 얼른 꺼져라!
가, 감사 합니다!

앞에는 조조, 뒤에는 유종, 모두 적이니 어찌하면 좋단 말이냐?

유종이 유약하니 주공이 먼저 형주를 공격해 점령한 다음 조조와 자웅을 겨루십시오.

형님, 군사의 말이 옳소. 명령만 내리면 단칼에 어린 유종 놈의 목을 베어 오겠소!
일이 지체되면 안 되니 군사의 말에 따릅시다.

178

이보게 아우들, 내가 유종을 죽이면 죽어서 무슨 낯으로 유표를 보겠나?
착한 우리 형님…

어쨌든 여기 계속 머물면 죽는 길밖에 없습니다. 강릉에는 무기가 많으니 그리로 가십시오.
일단 그렇게 합시다.

유비 장군님을 따르면 안전할 거야.
엄마, 어디가?

내가 남쪽으로 철수한단 얘길 듣고 이렇게 많은 백성이 따라올 줄 몰랐구려.

백성들 때문에 행군이 늦어져 곧 조조군에게 따라 잡히게 됩니다.
큰일을 하는 사람은 백성이 근본입니다.
백성들이 자원해서 날 따르는데 차마 그들을 버릴 수는 없소.

그렇다면 관우를 먼저 강릉에 보내 서로 호응이 되게 하십시오.
좋은 생각이오. 당장 그리 합시다.

저는 하구의 유기에게 가서 구원병을 청하겠습니다.
그 일은 군사에게 부탁하겠소.

이런!
조조군이 바짝 추격해 옵니다!

쿵쿵쿵

전투 태세를 갖춰라!
예!

유비 무리는 행군 속도가 더뎌 곧 조조군에게 따라잡히고 말았다.

유비를 따르는 자는 모조리 죽여라!

으악! 조조의 대장 하후돈이 공격해 온다!

박망 언덕

상산 조자룡이 여기 있다!

방금 전에 감부인께서 부상을 당해 저쪽 담 구석에 앉아 있는 것을 보았습니다!

내가 부인을 구하러 가겠다!

부인, 괜찮으십니까?
조 장군!

나는 움직일 수 없으니 조 장군이 아두를 데려가세요. 이 아인 사군의 유일한 혈육입니다.
제가 보호할 테니 함께 가십시오.
이 조운이 반드시 부인과 아두 도련님을 주공 곁으로 모시겠습니다!

음……

아군이 단번에 흩어질 만큼 조조군이 강한 줄 몰랐구려.
주공, 먼저 강릉으로 가시지요. 여기 있다가 조조군과 마주치기라도 하면 끝장입니다.

장비, 조운 그리고 내 부인과 아이가 아직 안 왔소.

주공!
서서, 난 선생과 헤어진 줄 알았소.

주공, 용서해 주십시오.
선생, 왜 이러십니까?

조조가 제 모친을 인질로 잡고 협박하는 통에 부득불 주공께 작별을 고해야 할 것 같습니다.
네?

저도 선생의 효심을 이뤄 주고 싶지만 어렵게 만나 지기가 된 선생을 이렇게 놓아 주기 안타깝소.
아……

저도 전심전력으로 주공의 패업 성취를 돕고 싶습니다만,
모친이 붙잡힌 상황이라 마음이 심란해 주공께 아무 도움도 되지 못합니다.

몸조심 하십시오.
그럼 살펴 가시오.

상황이 어렵게 됐구나!
그렇다면 어찌할 수 없구려. 흑흑

* 필마단기匹馬單騎
  한 필의 말에 홀로 타고 적진을 향해 가는 모습.

탁~

자신 있는 놈은 넘어 와라!

앗, 이만 철수한다!
퉤!

자룡, 부인!
주공!

조 장군 덕분에 신첩과 아두가 주군을 다시 볼 수 있게 됐습니다.
아~ 뿌듯해!

자룡, 정~말 고맙소!

익덕이 후방을 지키고 있어서 도우러 가야 합니다. 주공께서는 즉시 하구로 가 군사와 합류하십시오.
그럼 수고해 주시오.

수군이 우리 쪽을 향해 다가옵니다!

설마 조조가 보낸 군대는 아니겠지?
그러면 우리 목숨은 여기서 끝입니다.

조조는 기병을 보내 유비를 추격하는 동시에 따로 군사를 파견해 강릉을 점령했다. 이에 유비는 남은 군사 2만을 이끌고 하구를 지키는 유기에게 잠시 몸을 의탁했다.

삼국의 운명을 가른 적벽 대전 上

조조는 유비를 격파한 후 하구를 제외한 형주 전역을 점령하고 강을 따라 곧장 내려와 천하를 통일할 야심을 품었다. 강동에 웅거한 손권은 위기감을 느끼고 노숙을 보내 형주의 상황을 탐문했다.

제갈량은 노숙과 함께 배에 올라 손권이 있는 건업으로 갔다.

손 장군이 조조와 일전을 벌이고자 한다면 즉각 출병하시고, 그렇지 않다면 아예 투항하십시오.

유비도 조조의 적수가 아닌데 왜 투항하지 않는 거요?
왜 나만?
우리 주공은 한 왕실 종친이자 천하 영웅이라 조조에게 패할지라도 절대 투항하지 않을 것입니다!

싸움마다 패하는 유비도 그렇게 생각하는데 내 어찌 투항한단 말이냐!

건업

장소, 조조가 보낸 포고장을 보시오. 사람을 아주 능멸하고 있소!
조조 놈이!
탁!
끙……

191

내 어명을 받들어 역적을 토벌하기 위해 80만 대군을 이끌고 그대와 오군에서 사냥을……

전쟁을 사냥으로 얼버무리고 있군요.

오군은 내 근거지인데 아주 날 가지고 놀겠다는 심산 아니오?

하지만 조조는 80만 대군이고 우린 겨우 몇 만이니 항복 외에 달리 방도가 없습니다.

뭐요?

저도 주공과 강남 수십만 백성의 안전을 위해 드린 말씀입니다. 우리는 조조의 상대가 되지 않습니다.

형님이 임종 전에 내정은 그대에게 묻고, 바깥일은 주유에게 물으라 당부했소.

정녕 이것이 그대의 의견이란 말이오?

하지만 현실이…

유표가 형주에서 건조한 전함 수천 척이 지금은 조조 손에 들어가 험준한 장강도 더는 우리를 보호하지 못합니다.
주공, 투항만이 살길입니다.

부친과 형님이 이룩한 강동의 기업이 결국 내 손에서 끝난단 말인가?
주공!

한심하군!
하나같이…

주공!
노숙?

다들 자신의 득실만 따질 뿐 전혀 주공을 생각하지 않고 있습니다!

저희야 조조에게 투항하면 관직을 얻을 수 있습니다.
하지만 주공이 투항하면 조조는 의심이 많은 자라 목숨을 보전하기 어렵습니다.

대신들의 의견은 무시하고 유비와 연합해 조조에 대항하기로 속히 결단을 내리십시오!
음……

나도 저들에게 크게 실망했소. 그대야말로 하늘이 내게 내린 진정한 인재요.
헤헤~
과찬이십니다.

유비와 연합해 조조에 대항하면 승산이 어느 정도요?

군사는 제 전공이 아닙니다. 주유가 파양에 있으니 그를 불러 대책을 논의하십시오.
옳지! 지금 당장 주유를 불러야겠소.

손권은 곧 사람을 파양으로 보내 주유를 불러들였다.
周

주공!
헉, 빨리도 왔네.
주유, 드디어 왔구려!

주공께 투항을 권한 자가 있다던데 누구 머리에서 그런 어리석은 의견이 나왔습니까?
깨갱~
깨갱~
그 주장이 얼마나 터무니없는지 그대가 알려 주시오.
정말?
조조가 80만이라고 떠벌리고 있지만 실제 북방 군사는 15만 정도고, 항복한 형주 군사도 7, 8만에 불과하오.

195

다들 그런 조조에게 겁먹고 있는 거요?
에그머니나

조조는 네 가지 큰 잘못을 저질렀소.
먼저, 지금 비어 있는 함곡관 서쪽에서 마초馬超가 호시탐탐 노리고 있어서 후방이 걱정이오.

둘째, 날이 추워져서 말을 먹일 풀이 없다는 것.
셋째, 북방 군사들이 남방에 오면 풍토가 맞지 않아 병에 걸릴 확률이 높소.
마지막으로 북방 군사는 수전에 익숙지 않아 우리를 이길 수 없소.
오~
이야~

놀라지들 말라고!
이렇게 볼 때 조조가 스스로 죽으러 오는데 어찌 항복한단 말이오?

훌륭한 견해요.
나는 이미 조조와
결전을 벌이기로
결정했소!

쨍강

다시 항복하자고
말하는 사람이
있다면 이 책상
꼴이 날 것이오!

주유, 그대는
먼저 3만 군사를
이끌고 출병
하시오!
옙!

하구
조조군이 행동을 개시했는데 강동의 원군은 커녕 공명도 소식이 없으니 이를 어쩐담?
주공, 강동의 군대가 옵니다!
드디어 왔구나!
불만
초조

내 친히 맞이하러 가겠다.
이제 숨통이 트이겠구나!

주 장군, 마침내 오셨군요.

조조의 대군이 며칠 내 들이닥칠 텐데 군사는 얼마나 이끌고 오셨소?
3만이오.
잉? 고작 그거요?

3만이면 충분합니다. 유 사군은 그저 지켜만 보십시오.

유 사군!
주공!

군사, 노숙도 같이 오셨군요.

조조 군대에는 형주의 투항병이 많아 목숨을 걸고 싸울 리 없으니 너무 염려 마십시오.
걱정 '無'

나도 즉각 군대를 정비하여 주 장군의 수군과 함께 조조와 맞서 싸우겠소.

주력전은 강에서 벌여야 하니 저는 여기 남아 주 장군을 돕겠습니다.
그러도록 하시오.

손권과 유비 연합군이 적벽에 진을 친 지 얼마 지나지 않아 조조의 군대가 당도했다. 삼국시대 최대 규모의 전쟁은 이렇게 막이 올랐다.

삼국의 운명을 가른 적벽 대전 下

조조의 북방 군대는 수전에 익숙지 않았고, 투항한 형주 병사들은 수전에 능했지만 사기가 높지 않아 몇 차례 접전에서 연합군에게 매번 패하고 말았다.

병사들이 싸우다
다친 것도 아니고,
무슨 병에 걸린
건가?

나 죽네.
휴, 너무
힘들다.

승상, 들어
오지 마십시오.
잘못하다간
전염됩니다.

승상, 저희 좀
살려 주세요!
아파
죽겠어요!

북방 사병들이
남방 풍토에
익숙지 않아
잇달아 역병에
걸렸습니다.
전염되지 않은
병사들마저
무기력증을 앓고
있고요.
큰일입니다!

이 병사들을 치료할 수 있느냐?

장담할 순 없지만 최선을 다하겠습니다. 지금은 역병 확산을 막는 게 급선무입니다.
음……

배를 하나하나 연결하면 풍랑이 아무리 거세도 선체가 흔들리지 않을 것이다.
병사들이 뱃멀미를 하지 않으면 역병의 확산도 막을 수 있다.
배를 연결하면 평지처럼 안정돼 보병이 작전을 펴기도 수월하고 기병도 자유자재로 다닐 수가 있다.
영명하십니다!

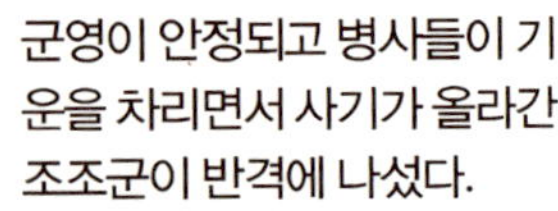

군영이 안정되고 병사들이 기운을 차리면서 사기가 올라간 조조군이 반격에 나섰다.

한당, 주태, 내가 복수하러 왔다!

앗, 채모가 공격해 온다!

발사!
슉―
쉭―

쉭―
앗!
슉―
으악!

* **황개**黃蓋
  오나라의 장수. 적벽 대전에서 화공을 선의해 조조군을 무찌르는 데 큰 공을 세웠다.

사실 나도 화공을 생각했소만 어떻게 불을 놓아야 할지 방법을 못 찾았소.
그렇다면…

제가 조조에게 거짓 항복한 후 조조군 배에 다가가 불을 지르면 됩니다.
음……

이 작전이 성공하면 모두 황 장군의 공입니다.

조조 군영
하하, 저들이 내 연환계에 겁을 집어먹었구나. 노장 황개가 투항 편지를 바쳤다!
황개요?
투항?

황개는 강동의 원로로 충성심이 강합니다. 쉽게 믿지 마십시오.
경계 하심이…

손권이 자신을
제쳐둔 채 어리고
경험 없는 주유를
대장으로 삼아
황개의 불만이
폭발한 것이다.

황건의 난 이래로
군벌이 혼전을 벌여
도탄에 빠진 백성들은
천하가 다시 태평해
지길 바라고 있다!

나는 기병한 이후
각 군벌을 제거했고
이번에 유비와 손권을
멸해 난세를 종식
하려 한다!

강동에서
투항하는 자들이
속속 나와 천하 병성의
날이 머지않았다. 그때가
오면 너희들과 함께
부귀를 누리리라!
저희
역시 그날을
고대합니다!

술잔 들고 노래 부르자, 인생이 얼마나 되겠는가!

아침이슬 이런가, 지난날 고생도 많았지.

달이 밝아서 별이 드문데 까막까치는 남으로 날아가는구나.
조조가 천하 통일의 감흥에 젖어 있던 바로 그때 황개는 기름을 바른 장작을 가득 싣고 조조의 수군 진영을 향해 나아갔다.

장군, 불을 붙일 준비는 다 끝났습니다.
좋다. 이제 곧 본때를 보여 주마!
기다려라, 조조!

거기 누구냐?
Stop!

나는 강동의 황개로 조 승상에게 투항하기로 약조했소!
승상께 먼저 보고해야 하니 잠시 멈추시오!

이리 와봐, 강동에서 투항하러 왔대.
이번 전쟁도 곧 끝나겠지.
아, 빨리 집에 가고 싶다.

흐흐, 이 불로 몽땅 다 태워 죽이겠다.

불을
붙여라!
활활~
활활

돌격!

무슨
일이냐?
불을 붙인
배가 우리 쪽
으로 돌진해
옵니다!
황개
이놈에게
속았구나!

빨리 화살을
쏴라!

쉭—
쉭

화살 발사!
쉭—
슉—
쿵!

활활~

황 장군이
해냈다. 우리도
출격한다!
唐
唐

공명, 유 사군께 보병을 이끌고 협공하시라고 빨리 알리시오.
제가 주공께 아뢰겠습니다.

주유, 황개, 네놈들을 반드시 죽이고 말겠다!
승상, 전세가 불리하니 퇴각해야 합니다.
천하 통일의 기회가 이렇게 사라지는구나. 곽가만 살아 있었다면 이런 참패는 당하지 않았을 텐데……

적벽 대전이 조조의 참패로 막을 내리면서 삼국 정립의 기틀이 마련되었다. 또 적벽 대전은 소수의 군대로 대군을 무찌른 유명한 전투 중 하나이다.

212

유비와 손권이 혼인으로 동맹을 맺다

조조는 적벽 대전 패배 후 북으로 돌아가고 조인曹仁 등에게 형주 북부 방어를 맡겼다. 손권은 형주 중부의 남군을 탈취했고, 유비는 이 틈에 남부의 4개 군을 점령해 새로 공안성을 세워 임시 거점으로 삼았다.

유비를 매제로
받아들인다? 그거
좋은 방법이구려!

내 여동생은
성격이 강직해 유비를
고분고분하게
만들 수 있지!
헤헤!

손권은 유비와 혼사를
마무리 짓고 여동생을
유비에게 보냈다.

강동에서
배가 옵니다!

손권이 여동생을
내게 시집보내는
것은 대체 무슨
속셈일까요?

거참, 나이 쉰에 겨우 스물 남짓한 처자를 아내로 맞게 될 줄이야.

너무 염려 마십시오. 손권이 동맹을 강화하려는 것뿐이니까요.
이번 혼산 주공께 득입니다.

제가 말한 득은 그것이 아닙니다. 이렇게 해서
강동의 경계를 늦춰야 우리에게 발전 기회가 생긴단 말입니다.
아… 하하;;
쑥스럽구먼.

배가 도착 했으니 얼른 가 봅시다!

뭐하는 짓들이냐?!
다 다 닥~

무기를 거두어라!
예!

유 장군께 인사 올립니다.
형주에도 시녀가 많은데 왜 이리 많이 데리고 왔소?

신첩이 어려서부터 무예를 좋아해 평소 이 시녀들과 검술을 연습합니다.
검술을 연습한다고요?

저…정말 재미있는 취미로군요.

혼례 준비는 다 마쳤으니 갑시다.
네, 가시지요.

얍!

부인!

부인이 기왕 형주에
시집왔으니 그 시녀들은
돌려보내는 게 어떻소?
백성들 사이에서
말이 많소.

다른 사람이
무슨 말을 하든
저는 상관하지
않습니다.

혹시 두려워서 그러시나요?
무슨 소리!
조조의 80만 대군에도 꿈쩍 안 한 내가 그깟 시녀들이 두렵겠소?

공안성 거리

감히 고기 무게를 속여서 팔아? 내가 오나라 사람이라고 무시하는 거냐?
무슨 일이래?

생사람 잡지 마시오. 내가 그런 사람이 아니라는 건 여기 사람들이 다~아 알고 있소.
맞아, 저 치는 매우 정직하거든.
그럼 그럼.

됐고, 빨리 내 돈 돌려줘!
고기는 벌써 배 속에 들어갔는데 돈을 돌려 달라니요?

그렇지 않으면 혼날 줄 알아라!
이 나쁜 놈아!

대체 무슨 일이냐?
애는 뭐야?!
조운 장군님!

이놈이 내가 여기 처음 온 걸 알고 날 속였소!
저 백정은 무고합니다.

무슨 일인지 관아로 가서 따져 보자!
엥?!

난 강동에서 온 병사요. 당신 주공도 우리 손 부인에게 벌벌 떠는데 감히 날 체포하겠다고?
이-

강동 병사들의 횡포에 분통이 터진 조운은 제갈량을 찾아갔다.

강동 놈들이 갈수록 안하무인이라 형주 사람들과 분쟁이 끊이지 않습니다.
자룡, 조금만 참으시오. 주공은 그대보다 더 난처한 상황이라오.

만일 양쪽에 시비라도 붙는 날이면 손 부인이 얼마나 큰 위협이겠소?

주공께서 강동에 가신다는 게 사실입니까?
그렇소. 이번에 손권에게 남군을 빌릴 생각이오.

강동

하하, 굳이 예를 갖출 필요는 없소이다.
형님께 인사 올립니다.

우리 강동의 경치가 어떠하오?
과연!

천하제일의 강산입니다만 한 가지 아쉬운 점이 있습니다.
뭐가 아쉽단 말이오?

제가 얻은 형주 4개 군은 위치가 외지고 땅이 척박해 강동이라 하기 참으로 부끄럽소이다.

해서 남군을 잠시 빌려 몸을 의탁하게 해 주십사 부탁드립니다.
그건……

신하들과 의논한 후에 다시 말씀 드리겠소.
무슨 꿍꿍이지?

진지하게 고민해 보리다.

남군을 빌려 주시면 훗날 익주를 얻은 후에 모든 형주 땅을 드리겠습니다.

노숙, 대신들이 유비에게 남군을 빌려주길 극력 반대해 참으로 난감하오.

주공께선 현재 강동의 실력으로 유비를 칠 수 있다고 보십니까?
내 생각엔 ……

유비는 만만한 상대가 아니오.

조조의 위협이 큰 상황에서 유비를 칠 수 없다면 유비와 손잡는 게 유일한 방법입니다!

우리 혼자 조조의 제일선을 방어하고 있어 압박이 매우 큽니다. 남군을 유비에게 주면 압력을 조금이나마 덜 수 있지요.

빌려 줬다가 나중에 유비가 돌려주지 않으면 어떡한단 말이오?
그런 일이 벌어지면 제가 목숨을 걸고서라도 빼앗아 올 것입니다!

좀 더 생각해 보리다.
예……
목숨을 건다는 말은 하지 말걸.

결국 동오 대신들의 반대로 유비는 남군을 빌리지 못했다. 하지만 1년 후 주유가 병사하고 노숙이 그 자리에 앉자, 손권은 노숙의 설득으로 남군을 유비에게 빌려 주는 데 동의했다.

조조에게 죽임을 당한 신의 화타

방으로 들어와라. 맥을 짚어 봐야겠다.

두 사람의 맥이 다르군.

큰 병은 아니니 이 약을 먹으면 금방 좋아질 게다.
감사합니다, 의원님!

의원님이 준 처방전이 서로 다른데?
희한하네.

우리 둘 다 머리가 아프고 열이 나는데 왜 처방전이 서로 다른 건가요?
저는 열을 발산하는 약, 예심에게는 설사약을 처방해 주셨어요.

너희들이 증상은 같지만 발병 원인이 달라서다.

예심은 체내에 찌꺼기가 남아서 설사약을 처방했고

아, 그런 이치였군요.
저흰 그럼 이만 가 보겠습니다.

이연은 습한 화기가 위로 올라와 열을 발산해야 한다.

이런 사소한 병은 내 제자들도 고칠 수 있으니
나는 의원이 절실히 필요한 지역을 찾아 다녀야겠다.

덜컹
덜컹

마차에 타신 분은 화타 선생 아닙니까?
음?

그렇소만 날 아시오?
이 일대에서 병자를 고치신단 얘길 듣고 기다리고 있었습니다.

제 부친은 이곳 태수입니다. 예전에 이상한 병에 걸렸는데 지금까지 어떤 의원도 치료하지 못했어요. 제발 제 아버지 좀 살려 주십시오.

쏴—
쏴—

제 병이 나을 수 있겠습니까?
그게……

공자는 나를 따라 오시오.
제 질문에는 왜 답해 주지 않으십니까?

그래도 괜찮나요?
이것이 유일한 방법이오.

어쩌고 저쩌고

이 병은 고치기 너무 어렵소. 은자 5백 냥을 주면 한번 시도해 보리다.
네?! 그렇게나 많이요?
그렇게 인색하니 이상한 병이나 걸리는 것이오!
밴댕이구먼!
당신 말 다 했소?

죽고 사는 건 운명이니 너무 발악하지 마시오.

감히 내 성질을 건드리다니!

네놈을 죽이고 말겠다!

웩―
아버지!

우웩, 콜록 콜록!

희한하네.
몸이 가뿐해
졌어.

화타 선생께서
아버지 가슴에 어혈이
있는 걸 발견하고
일부러 화를 돋우어
어혈을 토하게 한
것입니다.
그래?

빨리 화타
선생을 모셔
와라. 내 사과
해야겠다!

화타가 각지를 다니며
사람들을 치료하던 어
느 날……

이 약을 먹고
푹 쉬시오.
감사
합니다.

의원님, 이만
가 볼게요.

당신이 화타요?
비켜라!
그렇소만. 당신들은 누구요?
어머!

조 승상께서 건강이 나빠지셔서 선생을 모셔 오라고 했소!

승상부

머리가 지끈거려 여러 의원이 다녀갔지만 아무 소용이 없었소. 선생은 고칠 수 있겠소?
승상의 병은 침을 써야 합니다.
다른 의원들도 침을 써 봤지만 아무 효과가 없어서 홧김에 의원 둘을 죽이기까지 했소!

가만히 누워서 움직이지 마십시오. 그래야 효과가 있습니다.
실력이 있는 거야?

기분이 상쾌하구려.
침 한 번 놓았을 뿐인데 금방 좋아지다니.

아, 날아갈 것 같아!
머리도 전혀 아프지 않소.
가뿐~

선생은 성격은 까칠해도 의술은 확실히 뛰어나군요.
승상께선 만성병을 앓고 있으시 징기긴 치료가 필요합니다.

선생이 이곳에 머물면서 내 병을 돌봐 주시오. 상은 후하게 내리리다.
명의야

내 두통은 그만이 치료할 수 있으니 괜히 신경 건드리지 말자.

저는 승상이 아닌, 세상을 구제하기 위해 의술을 익혔습니다.
뭐라고?

좋소. 그대가 원하는 대로 하시오. 하지만 내 두통이 심해지면 바로 달려와야 하오.
……

윽!

머리가 깨질 것 같아. 화타는 왜 안 오는 거냐?
아까 사람을 보냈으니 조금만 참으십시오.

화타 이 늙은이가 날 죽이려 하고 있어!

당장 그놈을 잡아 옥에 가둬라!
예예!

내가 죽는 건 상관없지만 의술이 대대로 전해지지 못하는 게 안타까울 따름이구나.

의원님, 식사 나왔습니다!

내 필생의 의술 기록이 『청낭서靑囊書』에 담겨 있네. 자네는 선량한 사람으로 보이니 이 책을 열심히 공부해서 꼭 명의가 돼 주게.

다음 권에 계속됩니다…

화타의 뛰어난 의술은 『청낭서』가 불타면서 그 내용을 알 수 없게 되었다. 조조의 개인적인 분노로 인해 중국 의학은 헤아릴 수 없는 큰 손실을 입었다.